Raed Saleh

mit Markus Frenzel

ICH DEUTSCH

Die neue Leitkultur

Hoffmann und Campe

1. Auflage 2017
Copyright © 2017 by
Hoffmann und Campe Verlag, Hamburg
www.hoca.de
Satz: Pinkuin Satz und Datentechnik, Berlin
Gesetzt aus der Albertina MT
Druck und Bindung: CPI books GmbH, Leck
Printed in Germany
ISBN 978-3-455-00165-5

HOFFMANN
UND CAMPE

Ein Unternehmen der
GANSKE VERLAGSGRUPPE

INHALT

DIE SACHE MIT DER WURST

Wenn ich es recht bedenke, dann hat alles mit Salami angefangen. Mein Sinn für Gerechtigkeit. Mein politisches Engagement. Mein Deutschsein.

Es war in der Grundschule. In der ersten Klasse. Morgens versammelten wir Knirpse uns manchmal um den Gruppentisch, um gemeinsam zu frühstücken. Unsere Augen glänzten in freudiger Erwartung auf das Essen, das vor uns ausgebreitet war. Die Lehrerin hatte alles ordentlich aufgebaut – Schrippen, Butter, Käse, Wurst. Es gab verschiedene Sorten Wurst. Dunklere Salami, vom Rind, und hellere, vom Schwein. Die helleren Scheiben lagen vorne. »Du fängst an, Raed«, sagte die Frau in strengem Ton und nickte in meine Richtung. Schüchtern fuhr meine Hand zu der hinteren Reihe mit Salami. Gerade wollte ich mir eine Scheibe nehmen, als sie laut »Nein« rief. »Wir fangen mit der ersten Reihe an«, sagte sie. »Aber das ist Schweinefleisch«, entgegnete ich. Mir war das unangenehm, alle Kinder schauten auf mich. Die Lehrerin sah mich böse an. Schüchtern versuchte ich mich zu rechtfertigen. »Ich darf kein Schweinefleisch essen. Das hat mein Papa gesagt.« Aber meine Erklärungsversuche interessierten sie nicht. »Wenn du nicht mit der ersten Reihe anfängst, dann kommst du als Letzter dran«, schimpfte die Lehrerin. Und dann sagte sie etwas, das mich bis heute schockiert: »Erst wir, dann ihr.«

Dass die Lehrerin mich nicht mochte, hatte ich schon zuvor bemerkt. Ich fragte mich schon damals, warum. Lag es an mir? Hatte ich ihr einen Grund dafür gegeben? Heute weiß ich, was der Grund für ihre Ablehnung war. Manche würden ihr Verhalten wohl als rassistisch bezeichnen. Vielleicht zu Recht. Ich würde mit der Lehrerin aber nicht so hart ins Gericht gehen. Ich denke, sie wusste es einfach nicht besser. Sie hatte offenbar nie gelernt, mit neuen, fremden Einflüssen umzugehen. Es gefiel ihr nicht, dass Zugezogene aus anderen Kulturkreisen an »ihrer« Schule unterrichtet wurden. Meine Familie war einige Jahre zuvor aus Palästina nach Berlin-Spandau gekommen, wo mein Vater in einer Großbäckerei eine Arbeit gefunden hatte. Für die Lehrerin gehörten wir einfach nicht hierher.

Dass sie mich zwang, entweder Schweinefleisch zu essen oder mich am Ende mit den Resten zu begnügen, erzeugte in mir ein großes Gefühl der Ungerechtigkeit. Gleichzeitig wusste ich schon damals, dass sie falschlag. Sie versuchte, mich als Außenseiter, als Fremdkörper hinzustellen. Aber das war ich nicht. Schon als Sechsjähriger wusste ich, dass ich genauso dazugehörte wie Yvonne, Anita, Marco und die anderen Kinder in meiner Klasse. Wir alle waren Berliner Kinder, keiner besser oder schlechter als der andere. Und wir alle hatten Hunger an jenem Morgen.

Warum erzähle ich diese Geschichte noch heute, fast fünfunddreißig Jahre später? Es geht mir nicht darum, die Lehrerin vorzuführen. Mir geht es auch nicht um eine Art Abrechnung. Es stimmt, dass das Erlebnis bis heute meine Person prägt. Aber nicht in einer negativen, selbstmitleidigen Weise. Nein, die Sache mit der Wurst ist für mich Antrieb und Selbstbestätigung zugleich. Zum einen hat mir der Vorfall aus den achtziger Jahren gezeigt, dass es Widerstände in der deutschen Gesellschaft gibt, Neuankömmlinge oder Fremde willkommen zu heißen und in die bestehende Gemeinschaft aufzunehmen. Zum anderen aber, und das ist für mich heute der springende Punkt, habe ich offenbar damals schon, als Sechsjähriger, damit begonnen, mich mit der Frage auseinanderzusetzen, was es bedeutet, Deutscher zu sein. Natürlich stellte ich mir diese Frage nicht so direkt. Ich hatte einfach das Gefühl dazuzugehören, und jemand anderes lehnte dies ab. Ich verstand schlicht nicht warum und suchte nach Antworten.

Inzwischen bin ich geradezu dankbar, dass es damals zu diesem Vorfall kam. Denn in dieser kleinen Geschichte zeigt sich das ganze Dilemma der heute so hitzig diskutierten Frage: Was ist deutsch, und wer sind die Deutschen?

Einige behaupten, dass diese Frage seit der Reform des Staatsbürgerschaftsrechts im Jahr 2000 ein für alle Mal entschieden sei: Deutsch ist, wer einen deutschen Pass besitzt. Aber ganz so einfach ist es nicht. Es wäre, als würde man behaupten, für ein Buch brauche es nur zwei Pappdeckel und einen Stoß Papier. Formal mag das stimmen, aber entscheidend ist doch, was zwischen den Deckeln steht.

Es gibt die Figur des deutschen Michels, Inbegriff des braven Kleinbürgers zur Zeit des Biedermeiers. Er hatte Angst vor der großen Welt und zog sich daher in die Privatsphäre der eigenen vier Wände zurück. Hauptsache, der Ofen war warm, der Sonntagsbraten schmeckte, und die Pfeife danach war gut gestopft. Noch immer gibt es diese Mentalität unter den Deutschen, diese Angst vor der Welt da draußen und vor den Fremden, die seit einigen Jahren verstärkt ins Land kommen. Ihnen gegenüber stehen Multikulti-Freunde, die ins andere Extrem verfallen und allein in einer bunten, chaotischen und wenig geregelten Gesellschaft die Zukunft Deutschlands sehen. Beide Seiten liegen meiner Meinung nach falsch. Weder rigide Abschottung noch bedingungslose Öffnung sind die richtigen Rezepte für unser Land.

Wir brauchen eine ernsthafte Diskussion, was heutzutage Deutschsein heißt, und wir brauchen eine Art Regelwerk für Neuankömmlinge, das diesen Menschen zeigt, was typisch deutsch ist und was wir in Deutschland auch in Zukunft nicht aufgeben möchten. Für viele der hier Lebenden wäre es ebenfalls hilfreich, wenn wir eine verbindliche Gesellschaftsordnung formulieren würden, in der die Kernwerte und kulturellen Leitplanken unseres Landes klar benannt werden. Bereits um die Jahrtausendwende hatte es eine Diskussion gegeben, in der die Frage nach einer deutschen Leitkultur gestellt wurde. Und sie wurde in unseren Tagen von Thomas de Maizière erneut angestoßen. Doch eine befriedigende Antwort steht noch immer aus.

Natürlich brauchen wir eine deutsche Leitkultur. Es geht um einen moralischen, politischen, kulturellen Minimalkonsens. Wir können es auch »kulturellen Leitfaden« oder »Hausordnung für unser Land« nennen. Jeder moderne Staat hat eine solche »Hausordnung« und bestimmt sie immer wieder neu. Das zeigen die Diskussionen in Frankreich, wo im Vorfeld der Präsidentenwahlen 2017 zum x-ten Mal gestritten wurde, ob nun die Gallier als die Urväter aller Franzosen anzusehen seien oder nicht. Genau wie in Großbritannien, wo es vor wenigen Jahren zu einer Empörungswelle kam, weil dem Kulturminister, einem aus einer pakistanischen Familie stammenden Migrantensohn, zur britischen Leitkultur nur Shakespeare und einige Schriftsteller aus dem 19. Jahrhundert einfielen. Also weder eine Bestsellerautorin wie Joanne K. Rowling noch ein Musikgenie wie David Bowie, weder der von norwegischen Einwanderern abstammende Kinderbuchautor Roald Dahl noch die aus Sri Lanka eingewanderte Pop-Ikone M. I. A. Mit dem Amtsantritt von US-Präsident Donald Trump ist die Diskussion auch in den USA wieder entbrannt. Wie versteht sich das einstige Land der unbegrenzten Möglichkeiten heute, und wer darf dazugehören? Die Frage nach einer Leitkultur stellt sich in jeder modernen Gesellschaft und in jeder neuen Generation aufs neue.

Nur müssen wir endlich einmal sagen, was diese *neue* deutsche Leitkultur ist. Denn es ist sicher nicht mehr deutscher Wein und deutscher Sang, Hermannsschlacht und Loreley. Mal ganz ehrlich: Wann haben Sie zuletzt Goethe gelesen? Oder ein Glas Riesling aus dem Rheingau getrunken? Und wer kann aus dem Stegreif die Geschichte von der Loreley nacherzählen? Wahrscheinlich haben wir zuletzt eher einen Fatih-Akin-Film gesehen (zum Beispiel *Tschick*), einen Döner gegessen oder können ohne Probleme die Story von *Der Schuh des Manitu* nacherzählen. Kultur ist, was uns prägt. Und geprägt werden wir von Dingen, die wir tun, die unser Denken beeinflussen oder uns wichtig sind.

In das Weltbild meiner Lehrerin in der Grundschule passte es vor fünfunddreißig Jahren nicht, dass ein Kind keine Schweinesalami isst. Für sie galt: kein Schweinefleisch = kein Deutscher. Ich meine, dass diese Gleichung nichts mit der Wirklichkeit in unserem Land zu tun hat. Aber es gibt andere »Gleichungen«, die uns sagen, ob jemand sich als Deutscher fühlt oder sich dem zuordnen lässt, was ich unter deutscher Leitkultur verstehe. Weil dies für unser Land, für unsere Gesellschaft eine Frage von zukunftsweisender Bedeutung ist, möchte ich auf den folgenden Seiten den Versuch unternehmen, diese *neue deutsche Leitkultur* zu bestimmen. Ein solcher Versuch kann scheitern. Aber was wäre damit schon verloren? Wir können also nur gewinnen.

KAPITEL 1

EIN BEGRIFF WIRD ZUM POLITISCHEN PROGRAMM

Ich war fünf Jahre alt, als ich die Treppe der Lufthansa-Maschine hinunterstapfte und zum ersten Mal deutschen Boden betrat. Es war der 11. Juli 1982. Das Datum markiert in meiner Familie bis heute den Beginn einer neuen Zeitrechnung. Berlin-West, Flughafen Tegel. Grenzbeamte prüften unsere Papiere. Noch heute sehe ich die Szene vor mir. Um uns standen viele Uniformierte. Sie wirkten eigenartig starr, ihre Bewegungen mechanisch. Mit knappen Worten wiesen sie uns an, wo wir langgehen mussten. Für einen Ankömmling aus der arabischen Welt, wo man von klein auf mit komplizierten Höflichkeitsformeln aufwächst, war das ziemlich ungewohnt. Erst später lernte ich, dass die Wortkargheit der Uniformierten nicht unhöflich gemeint war. Es herrschte in Deutschland einfach ein anderer Umgangston, ein anderer Geist.

Unsere Eltern hatten mich und meine Geschwister auf die Ankunft vorbereitet. Wir wussten, dass das weit im Norden gelegene Berlin nicht viel mit dem südländischen, orientalischen Sebastia zu tun hatte, einem 4500-Seelen-

Nest in Palästina. Von dort waren wir am Morgen aufgebrochen, um den Flieger in Tel Aviv zu nehmen. Aber
ganz so heftig hatte ich es dann doch nicht erwartet.
Ganz ehrlich, dieser erste Eindruck meiner neuen Heimat
hatte mich ein bisschen irritiert. Erst später habe ich verstanden, dass dieses Gesicht Deutschlands – mit strengen
Ordnungshütern, Befehlen und Verboten –, das ich auf
dem Flughafen Tegel kennengelernt hatte, nicht das wahre oder wenigstens nicht das einzige Gesicht des Landes
war. Wahrscheinlich wäre es mir bei der Ankunft in den
USA, Kanada oder Australien, in Holland, Frankreich oder
Großbritannien nicht viel anders ergangenen.

* * *

Nach einigen Jahren hatte ich den Geist der neuen Heimat
– manche würden sagen: die Sekundärtugenden – ver-
innerlicht. Kinder sind ja besonders anpassungs- und lern-
fähig. Ordnung, Pünktlichkeit, Disziplin sind mir geradezu
heilig. Vor Amtspersonen, vor Polizisten, Feuerwehrleu-
ten, auch Ärzten, habe ich noch immer großen Respekt.
Eigentlich sollte das selbstverständlich sein. Wahrscheinlich bin ich da etwas altmodisch. Aber ich ärgere mich oft,
wenn in meiner Heimatstadt Berlin Jugendliche, aber auch
Erwachsene über »die Bullen« reden, oder generell die Vertreter des Staates verunglimpft und beschimpft werden.
Wegen meiner vielleicht etwas altmodischen Haltung haben mich Kollegen und auch Journalisten schon als »den

Preußen« bezeichnet. Es stört mich nicht. Im Gegenteil. Ordnung, Pünktlichkeit oder Respekt vor der Obrigkeit sind, so finde ich, nicht das Schlechteste. Und diese Gene in meiner »deutschen DNS« werde ich auch nicht mehr los. All das wurde mir erst im Laufe der Jahre klar, und ich habe mich gefragt, was diese »deutsche DNS« denn sonst noch so ausmacht. Ein Handbuch, in dem ich dies hätte nachlesen können, gab es aber nicht.

Zum ersten Mal wurde der Begriff ›Leitkultur‹ im Juni 1998 in die politische Debatte in Deutschland eingeführt. Damals wurde dies aber kaum wahrgenommen, auch von mir nicht. Denn es gab Wichtigeres zu tun: Nach sechzehn Jahren Helmut Kohl sollte eine neue Ära eingeläutet werden. Die Ära Rot-Grün. Ein aufregendes Experiment. Eine Hoffnung. Gerhard Schröder. Der Text, den Jörg Schönbohm, seinerzeit noch Innensenator in Berlin, am 22.6.1998 in der *Berliner Zeitung* veröffentlichte, ging damals fast unter. Auch ich habe ihn erst Jahre später gelesen. In dem Artikel malte der CDU-Politiker ein düsteres Bild der deutschen Gegenwart. Laut Schönbohm waren Alt-Achtundsechziger dafür verantwortlich, dass Deutschland in mehrere Parallelgesellschaften zerfiel. Vorbilder für diese linksalternativen Kräfte seien »Kommunen« und »freie Assoziationen«, denen das Grundgesetz recht egal sei. Ziel sei die multikulturelle Gesellschaft, seien Marxismus und Anarchismus.

Der Text wirkte wie aus der Zeit gefallen. Ein Ex-General tat sich offensichtlich schwer mit dem politischen

Wandel in seinem Land. Nachdem er in aller Ausführlichkeit ein völlig unrealistisches Horrorszenario gezeichnet hatte, versuchte er es zum Schluss mit einem Appell: Er forderte eine allgemein anerkannte Wertorientierung. Quasi als eine Art Generalversicherung für sein Vaterland. Eindringlich appellierte der Ex-Innensenator an die Politik, eine »allgemein anerkannte Leitkultur« zu verteidigen. Da war es – zum ersten Mal. Das Wort, das die deutsche Gesellschaft im Folgenden nicht mehr loslassen sollte.

Zwei Jahre später: Rot-Grün hatte es tatsächlich geschafft, Helmut Kohl abzulösen. Das politische Projekt hatte große Erwartungen geweckt, war aber nur ziemlich mühsam und stotternd in Gang gekommen. Eine der zentralen Baustellen von Rot-Grün war das neue Staatsbürgerschaftsrecht. Es sah vor, dass in Deutschland geborene Kinder ausländischer Eltern automatisch die doppelte Staatsbürgerschaft erhalten und sich dann bis zu ihrem dreiundzwanzigsten Lebensjahr für eine der beiden Staatsbürgerschaften entscheiden müssen. Es war beiden Parteien – SPD und Grünen – so wichtig, dass es vom ersten Tag des gemeinsamen Regierens in Angriff genommen wurde. Die ausländische Presse schaute staunend auf dieses neue Deutschland. So viel Mut hatte wohl niemand der deutschen Gesellschaft zugetraut.

Im Land selbst sahen das nicht alle so positiv. Die Konservativen witterten ihre Chance und holten eine olle Kamelle wieder aus der Schublade. Der Vorsitzende der Unions-Bundestagsfraktion, Friedrich Merz, schubste im

Oktober 2000 in mehreren Zeitungsartikeln den Begriff »Leitkultur« auf die ganz große Bühne. In politischen Diskussionen ließ er sich dazu immer wieder ein. Seine Forderung: Zuwanderer, die auf Dauer in Deutschland leben wollen, müssen sich einer gewachsenen, freiheitlichen deutschen Leitkultur anpassen. Zudem müssten diese Neuankömmlinge aktiv ihren Beitrag zur Integration leisten, und zwar indem sie sich den in unserem Land gewachsenen kulturellen Grundvorstellungen unterordnen.

Schnell bekam die Debatte eine Eigendynamik. Was als Befreiungsschlag und Angriffssignal gedacht war, entwickelte sich für die CDU mehr und mehr zu einer Belastung. Arbeitgeberverbände, von jeher loyale Verbündete der Unionsparteien, distanzierten sich. Auch parteiintern gab es heftige Kritik. Altvordere wie Heiner Geißler und Rita Süssmuth rügten die Parteispitze für die riskante Strategie. Denn eines schien klar, dass mit dem Thema nach Stimmen von rechtsaußen gefischt werden sollte.

Die ganze Debatte gipfelte in einer Rede von Paul Spiegel, dem damaligen Vorsitzenden des Zentralrats der Juden. Vor 200 000 Demonstranten, die am Brandenburger Tor in Berlin zusammengekommen waren, warnte er: »Was soll das Gerede um die Leitkultur? Ist es etwa deutsche Leitkultur, Fremde zu jagen, Synagogen anzuzünden, Obdachlose zu töten?« Mit der Leitkulturdebatte, so Spiegel, zündele die Union gefährlich. Sein Vize Michel Friedman, selbst CDU-Mitglied, sekundierte ihm, indem er von einer »gefährlichen Seifenblase« sprach. Die ganze

Diskussion um die Leitkultur sei rückwärtsgewandt und stehe dem modernen Verständnis von Integration entgegen. Die richtig dicke Kanone holte dann noch die *taz* heraus. So tönten die linksalternativen Journalisten, dass das Wort »Leitkultur« genauso belastet sei wie die Worte »Lebensraum« oder »Untermensch«. Danach konnte eigentlich keiner mehr den Begriff in den Mund nehmen. Folgerichtig wurde der Begriff »deutsche Leitkultur« zum Unwort des Jahres gewählt.

Was mich damals faszinierte, war, wie heftig und emotional die Diskussion geführt wurde. Es gab kaum moderate Töne. Jeder hatte eine sehr entschiedene Meinung. Die deutsche Gesellschaft zerfiel in zwei Lager, diejenigen, die eine »Leitkultur« für dringend geboten hielten, und ihre Gegner.

Bereits bevor die Leitkultur-Debatte losbrach, hatte die CDU in Hessen einen scharf rechten Wahlkampf gefahren, mit einer Kampagne gegen die doppelte Staatsbürgerschaft. Vor diesem Hintergrund beschrieb die *Frankfurter Allgemeine Zeitung* im Oktober 2000, wie die deutschen Konservativen im Jahr 1999 so tickten: »Der größere Teil der schlichten Mitglieder, mehr aber noch die klassische Wählerklientel der CDU lehnen ›Multikulti‹ mit teilweise großer Emotionalität ab. Wie stark die Gefühlsaufwallungen in ihrer Wählerschaft diesbezüglich sind, hat die CDU-Führung erfahren, als sie die Unterschriftenaktion in Hessen startete. Teile der Parteiführung waren insgeheim entsetzt darüber, dass die Leute Schlange standen, um – wie sie formulierten – ›gegen die Ausländer‹ unterschreiben zu können.« Und »gegen Ausländer« gerichtet schien für viele auch das Konzept der Leitkultur zu sein, zumindest legte das der Zuspruch aus dem rechten Spektrum der deutschen Politik nahe. Denn »Leitkultur« klang in konservativen Ohren offenbar nach Zucht und Ordnung, nach Befehl und Gehorsam.

Im linken Spektrum der Politik begründete damals Ralf Fücks von den Grünen die Ablehnung des Begriffs »Leitkultur«: Den Vorstoß von Merz bezeichnete er als »ausgemachten Nonsens«. Es gebe zwischen Schwabing und Ostfriesland, zwischen Frankfurt/Oder und Frankfurt/Main viel zu viele Lebensstile, um sie in ein kulturelles Korsett zwängen zu können. Sein Parteifreund Cem Özdemir warnte gar vor einer »deutschen Leitkultur«, die sich zu einer kulturellen Diktatur auswachsen könne, denn zur deutschen Kultur gehöre Currywurst, Döner, koscheres Essen oder gefüllte Fisch gleichermaßen. Besonders scharf formulierten die wenigen Gegner im konservativen Lager ihre Ablehnung. In Zeitungsinterviews gingen manche sogar so weit, von einer »primitiven Vorstellung von Integration« zu sprechen und somit die Diskussion ins Lächerliche zu ziehen.

Bei aller Aufregung blieb die Diskussion aber doch erstaunlich substanzlos. Was genau meinte denn nun dieser Begriff »Leitkultur«? Der einstige Bundesminister und CDU-Generalsekretär Heiner Geißler vertrat die Ansicht, es müsse um einen »Verfassungspatriotismus« gehen, wie ihn Jürgen Habermas und andere ins Spiel gebracht hatten. Allerdings konnte ich mir beim besten Willen nicht vorstellen, dass die Leute, die in Marburg, Darmstadt oder Groß-Gerau »gegen Ausländer« unterschrieben hatten, wirklich große Fans des Grundgesetzes waren.

Seitdem taucht die Diskussion um eine Leitkultur in regelmäßigen Abständen auf. Vor allem konservative Politiker scheinen zu glauben, dass allein das Erwähnen des Begriffs »Leitkultur« Stimmen bringt. Warum sonst wird das Thema so gern in Zeiten des Wahlkampfes bemüht? Zuletzt hat das Bundesinnenminister Thomas de Maizière vorgemacht. In seinen zehn Thesen für eine Leitkultur für Deutschland fand sich wenig Neues. Die vorgebrachten Punkte gingen über den Stand der Diskussion von Merz, Schönbohm und Co. nicht hinaus. »Wer will es bestreiten, dass es hier«, also in Deutschland, »erprobte und weiterzugebende Lebensgewohnheiten gibt, die es wert sind, erhalten zu werden?«, fragt der Minister rhetorisch. »Wohl kaum jemand.«

Zugegeben, eine wichtige Frage. Aber wie lautet die Antwort des Bundesinnenministers? Was sind denn diese weiterzugebenden, deutschen Lebensgewohnheiten? Seine Antwort ist – wenn man ehrlich ist – ziemlich enttäuschend: der Händedruck; sich mit dem Namen anzusprechen; dem Gesprächspartner ins Gesicht zu blicken … Was soll daran bitte schön typisch deutsch sein? Schweden, Polen, Schweizer, der türkische Gemüsehändler an der Ecke, sie alle halten es genauso. Und glaubt Thomas de

Maizière allen Ernstes, dass sich Menschen in Mali, Peru oder Afghanistan unterhalten, indem sie permanent vor sich auf den Boden starren? »Wir sehen Bildung und Erziehung als Wert und nicht allein als Instrument«, schreibt er weiter. Ja, das ist zum Glück so. Aber das sehen Mexikaner, Franzosen, Israelis, Ruander und wahrscheinlich die anderen 189 Mitgliedsländer der Vereinten Nationen ähnlich.

Einen wichtigen Punkt spricht Thomas de Maizière allerdings an – nämlich bei der Religion. So zählt er sowohl christliche Kirchen als auch Synagogen und Moscheen zur deutschen Leitkultur. »In unserem Land ist Religion Kitt und nicht Keil der Gesellschaft«, schreibt er. Aber so vielversprechend er beginnt, so schnell verlässt den CDU-Mann auch wieder sein anfänglicher Mut. Denn wie sonst ist es zu verstehen, wenn er einige Sätze weiter nur noch von Kirchtürmen spricht, die unsere Landschaft prägen. Nein, das x-te konservative Thesenpapier zur deutschen Leitkultur erweist sich als ähnlich mangelhaft wie die bekannten Versuche zuvor. Es bleibt viel zu oberflächlich. Und der Minister polarisiert zu sehr, weshalb die Ablehnung beim politischen Gegner vorprogrammiert war. So wurden die Einlassungen als »pure rechte Stimmungsmache« (Grüne) kritisiert, als »Ablenkungsmanöver« (FDP) und »Scheindebatte« (SPD). Auch Jürgen Habermas, die graue Eminenz unter den deutschen Intellektuellen und Erfinder der Idee des »Verfassungspatriotismus«, lehnt die schlichte Zuspitzung der Leitkultur à la de Maizière ab. »Im Fluss einer lebendigen demokratischen Streitkultur stehen die Inhalte der politischen Kultur nicht still«, hielt der Philosoph in der *Rheinischen Post* sofort dagegen. Auch sonst fielen die Reaktionen in der Presse zumeist negativ aus. Von einem »Sammelsurium von Nichtigkeiten« war die Rede, von »altbackenen« Ideen. »De Maizière wärmt eine alte Debatte aus Kalkül auf«, titelte der *Tagesspiegel*. »Das ist so albern«, hieß es in der *Süddeutschen Zeitung*, »dass es einen drängt, den Minister zum Alberich zu erklären.«

Wenn sich der Minister dem Spott aussetzen will, dann ist das allein seine Sache. Nur leider hat sein Vorstoß auch negative Konsequenzen. Denn sein Thesenpapier zieht neue Gräben, was sehr ärgerlich ist. Die Diskussion um eine deutsche Leitkultur ist wichtig, deshalb dürfen wir sie uns nicht von konservativen Sprücheklopfern kaputtmachen lassen. Und eines sollte uns klar sein: Das Konzept der »Leitkultur« ist keine Erfindung von rechten Unionspolitikern. Lange vor Thomas de Maizière und auch lange vor Jörg Schönbohm wurde über das Konzept bereits in der Politikwissenschaft gestritten. Und der eigentliche Witz an der Sache ist, dass der Begriff nicht von einem deutschen Professor mit Sittenwächter-Ambitionen entwickelt wurde, sondern von einem in Damaskus geborenen Gelehrten und Professor für Internationale Beziehungen an der Uni Göttingen: Bassam Tibi.

In seinem Buch *Europa ohne Identität? Die Krise der multikulturellen Gesellschaft* entwickelte Tibi die Idee einer europäischen Leitkultur, und er definierte schon damals, 1998, sehr konkret, was er darunter versteht. »Es ist wichtig,

genau anzugeben, welches die verbindlichen Werte einer
Leitkultur in westlichen Gesellschaften sind«, schreibt Tibi
und zählt im Einzelnen auf: Demokratie, eine säkulare
Gesellschaftsordnung, Menschenrechte, das Primat der
Vernunft über den Glauben, eine selbstbewusste Zivilgesellschaft und gegenseitige Toleranz. Laut Tibi sind diese
Werte erstmals in den demokratischen, rechtsstaatlichen
und säkularen Nationalstaaten verwirklicht worden, wie
sie die westliche Welt in den vergangenen zweihundert
Jahren hervorgebracht hat. Für den Wissenschaftler hat
eine solche »Leitkultur« aber nur Sinn, wenn sie eine »europäische« ist. Alles andere ist für ihn künstlich verengt.

In der hitzig geführten politischen Debatte hatte sich
für die Definition des Professors aus Göttingen niemand
interessiert. Schade. Denn die klugen Gedanken von Bassam Tibi hätten es verdient, dass man sich genauer mit
ihnen beschäftigt.

Ich kann mich der Definition von Leitkultur, so wie sie
Bassam Tibi vornimmt, in großen Teilen anschließen. Und
doch meine ich, dass wir uns nicht mit einer Bestimmung
europäischer Werte zufriedengeben können. Gleichzeitig
kann ich verstehen, dass sich einige von dem Begriff »deutsche Leitkultur« abgeschreckt fühlen. Sie würden vielleicht
lieber von einer »kulturellen Orientierungsfibel« sprechen.
Aber wir dürfen uns nichts vormachen. Es geht darum,
unsere Werte und Traditionen festzuschreiben und ein-
zufordern. Allerdings besteht kein Grund zur Beunruhi-
gung. Jedes Unternehmen hat einen Verhaltenskodex, in

den Parlamenten und Ministerien wird auf strenge Einhaltung der Geschäftsordnung geachtet. Etwas Vergleichbares brauchen wir auch für unsere Gesellschaft.

Unser Land braucht einen moralischen und kulturellen Rahmen, der allgemeingültig für alle Mitbürger vorgegeben ist, und zwar für Neuankömmlinge genauso wie Alteingesessene. Denn eine Demokratie misst sich immer daran, wie sie mit ihren Minderheiten umgeht. In dieser Logik schützt die Leitkultur die Vielfalt und das Anderssein in einer pluralistischen Gesellschaft. Was Tausende von wutschäumenden Pegida-Demonstranten allmontäglich in Dresden veranstalten, hat mit deutscher Leitkultur rein gar nichts zu tun. Diese Leute verstoßen gegen die deutsche Leitkultur. Genauso wie dies islamistische Hassprediger oder Autos abfackelnde Linksextremisten tun.

Bei seinen wegweisenden Überlegungen hat sich Bassam Tibi von einem der größten Denker der arabischen Welt inspirieren lassen: Ibn Chaldun. Der Gelehrte, geboren 1332 in Tunis und gestorben 1406 in Kairo, war in der mittelalterlichen Welt Nordafrikas so eine Art Mischung aus Macchiavelli und Émile Durkheim, also halb unbestechlicher Machtanalytiker, halb sensibler Soziologe. Auch heute können wir von Ibn Chaldun noch viel lernen. Ronald Reagan wusste das. Als Präsident der Vereinigten Staaten zitierte er Ibn Chaldun und führte seine Politik explizit auf Überlegungen des islamischen Gelehrten zurück. Aber soweit ich weiß, stand er in der Politik damit als Einziger da. Für die deutsche Islamwissenschaftlerin Annemarie Schimmel war er ein bedeutender Vorläufer der modernen Soziologie und für den österreichischen Nationalökonomen Joseph Schumpeter ein Ahnherr der modernen Wirtschaftswissenschaft. Kurzum, es lohnt sich nachzulesen, was der Mann zum Verhältnis von Werten und der Stärke einer Gesellschaft geschrieben hat. Für Ibn Chaldun hängt beides unmittelbar zusammen. In seinem Hauptwerk, der *Muqaddima*, beschreibt er den ewigen Zyklus von Aufstieg und Verfall von Gesellschaften. Für Ibn Chaldun ist klar: Nur wenn eine Gemeinschaft tugendhaft und von Werten geleitet ist, steigt sie auf oder kann ihre hohe Position halten. Doch sobald der moralische Anspruch nachlässt, wird die Gesellschaft schwächer und schwächer bis schließlich andere stärkere Völker ihren Platz einnehmen. Zum moralischen Verfall einer Gesellschaft kommt es für Ibn Chaldun, sobald der Gemeinsinn einer Gesellschaft nicht mehr funktioniert und nur noch jeder an sich selbst denkt. Wenn Habgier, Egoismus und Verrohung der Sitten die Menschen prägen, wenn die Herrschenden ihr Volk unterdrücken und ausbeuten. Wenn der Staat immer neue Schulden aufnimmt, wenn die Herrschenden einen dekadenten Lebenswandel führen, wenn sie nur noch an sich selbst denken und das Volk es den Mächtigen nachtut, dann ist der Niedergang des Staates nicht mehr weit. Mit seinen Ausführungen zeigt der große Denker, wie wichtig die moralische Ausprägung einer Gesellschaft ist. Denn es geht nicht nur um

Gesetze, um Recht und Ordnung. Eine Gesellschaft funktioniert nur dann und hat nur dann eine Zukunft, wenn sie auf einen Gemeinsinn orientiert ist. Wenn es etwas Gemeinsames gibt, etwas Verbindendes. Etwas, wofür es sich lohnt zu kämpfen, wofür man das eigene Vorteilsdenken zurückstellt. Dieses Verbindende wird in den modernen Gesellschaften künstlich herzustellen versucht, durch das Prinzip der Nation. Nur wenn die Angehörigen einer Nation es für erstrebenswert halten, sich für die Gemeinschaft, sich für den anderen einzusetzen, wird es vorangehen. Als emotionaler Kitt dient der Patriotismus.

Für mich ist Patriotismus nichts Schlechtes. Der Schriftsteller George Orwell hat Patriotismus einmal als »Liebe zu einem bestimmten Ort und seiner Lebensart« bezeichnet. Es geht also um ein Gefühl. Liebe hat nichts mit der Befolgung von Gesetzen zu tun. Liebe bedeutet, dass wir etwas benennen müssen, was uns so sehr am Herzen liegt, dass wir es lieben können.

Mir gefällt die Definition von George Orwell. Wir sollten keine Angst vor einem solchen Patriotismus haben – einem offenen und einladenden Patriotismus. Ich selbst kann sagen, dass ich Deutschland liebe. Ich bin auch stolz auf mein Heimatland. Die Offenherzigkeit meiner Mitbürger, als im Sommer 2015 Tausende von Hilfesuchenden nach Deutschland kamen, hat mich mit Stolz erfüllt. Ich bin auch stolz darauf, dass Deutschland in Umfragen immer wieder auf Spitzenplätze gelangt, wenn es darum geht, welches Land international besonders beliebt ist.

Das ist ein bisschen so, wie wenn unsere Berliner Fußball-klubs – Hertha BSC Berlin und Union Berlin – gewinnen. Ich freue mich, dass meine Heimat von anderen gemocht wird, dass unsere Fußballklubs erfolgreich sind.

Im Frühjahr 2014 veröffentlichte der Sender BBC das Ergebnis einer Umfrage. 25 000 Personen waren weltweit befragt worden, unter anderem danach, welches Land ihrer Meinung nach den »größten positiven Einfluss auf die Weltgemeinschaft« habe. Auf Platz eins landete Deutschland. Und das war *vor* der großen Flüchtlingswelle, in deren Verlauf die Bundeskanzlerin Hunderttausende Hilfesuchende ins Land ließ und dafür mit Selfies, auf Plakaten und auf Titelseiten gefeiert wurde.

Die erstaunliche Entwicklung, die unser Land in den vergangenen zwanzig Jahren genommen hat, kann ich selbst täglich in meiner Heimatstadt erleben. Berlin ist inzwischen so beliebt, so cool und so angesagt in aller Welt, dass wir ständig steigende Besucherzahlen haben. Mittlerweile sind wir bei 30 Millionen Übernachtungen pro Jahr angekommen. Das ist auch im internationalen Vergleich ein Spitzenwert. Das ist wunderbar. Auch wenn es uns logistisch vor Probleme stellt.

Irritiert nehmen wir hierzulande die neue Popularität unseres Landes bei unseren Nachbarn und in der restlichen Welt wahr. »Lange vergessen die Ära der Brechstange«, schrieb im Januar 2015 etwa die *Süddeutsche Zeitung.* So stellten ausländische Beobachter bei den Deutschen heute eine »magische Mischung aus Bescheidenheit und

Effizienz, aus Stabilität und Kreativität, aus Präzision und Offenheit« fest. »So lauteten die sehr gewagten, aber stets wohlwollenden Analysen.«

Eine zentrale Rolle für die neue Beliebtheit unseres Landes ist sicherlich, dass es uns Deutschen wirtschaftlich gut geht. Soziale Sicherheit ist eine Grundvoraussetzung dafür, dass das politische System sich nicht gefährlich zu den Extremen verschiebt. Wie schnell dieser soziale Frieden bröckeln kann, lässt sich gerade in vielen europäischen Staaten beobachten. Auch in den USA haben wir es gesehen. Ein Land, das als leuchtendes Beispiel für Freiheit und Demokratie gilt, hat einen Wahlkampf erlebt, in dem Frauen verunglimpft, Ausländer als Schmarotzer beschimpft, Muslime unter Generalverdacht gestellt und Journalisten diffamiert wurden. Und der Urheber dieser Schmähungen wurde sogar noch dafür belohnt, indem er zum Präsidenten gewählt wurde.

Mit gesunder Demokratie hat diese Form der Polarisierung, die Provokation und das bewusste Übertreten von Grenzen nichts zu tun.

Vor einigen Jahren kamen in Paris der ehemalige französische Diplomat Stéphane Hessel und die einstige Präsidentin des Europäischen Parlaments Simone Veil zusammen. Sie saßen im Café und diskutierten über Demokratie. Dann fragten sie sich, welches Land auf der Welt ihrem Anspruch an Toleranz, demokratischer Kultur und Rechtsstaatlichkeit am nächsten komme. Und sie mussten sich überrascht eingestehen, dass es Deutschland war. Das Land, in dem Hessel im KZ Buchenwald gesessen und Veil die barbarische Hölle von Auschwitz erlebt hatte. Wahrscheinlich hängt beides zusammen. Dass gerade Deutschland aufgrund seiner Geschichte so sensibel ist, was demokratische Werte und Rechte anbelangt. Weil wir aus unserer Geschichte gelernt haben, dass sich solche schlimmen Verbrechen bei uns niemals wiederholen dürfen. Weil wir die Schuld für das Geschehene zwischen 1933 bis 1945 anerkennen und dafür eine Verantwortung für die Zukunft tragen.

Der Leitfaden für eine Gesellschaft darf nicht nur aus Paragraphen und Vorschriften bestehen. Das hat auch Bassam Tibi so gesehen, weshalb er den von Jürgen Habermas und anderen geforderten »Verfassungspatriotismus« denn auch als »BGB-Patriotismus« bezeichnet. Allerdings ist der Göttinger Professor selbst recht paragraphenlastig. Mir fehlt auch bei Tibi – wenig verwunderlich bei einem Wissenschaftler – das Subjektive, das Menschliche. Wir Menschen brauchen Emotionen, eine Erzählung, die wir nachvollziehen und mit der wir uns identifizieren können.

Die meisten westlichen Länder wissen um die Bedeutung einer solchen Erzählung. Sie dient ihnen zur Definierung ihrer nationalen Leitkultur. Denn nichts anderes verbirgt sich hinter den Erzählungen der großen westlichen Gesellschaften. In Frankreich heißt dieses Narrativ *Identité nationale,* in den USA spricht man vom *American Way of Life* oder dem *American Dream* und in Großbritannien von der *National Identity.*

Am berühmtesten ist sicherlich die Erzählung der USA geworden. Ihre Story geht etwa so: Egal woher jemand stammt, wie er aussieht oder wie er denkt, jeder kann seines Glückes Schmied sein, ihm stehen alle Möglichkeiten offen, dank einer toleranten und fairen Gesellschaftsordnung. Vom Tellerwäscher zum Millionär – nicht jeder schafft es, aber jedem steht es frei, es zu versuchen. Die amerikanische Erzählung ist eine gewaltige, optimistische Story, die jeder träumen kann. Das macht ihre Stärke und Anziehungskraft aus.

Auch die Erzählung in unserem Nachbarland Frankreich stellt eine große Hoffnung dar: Freiheit, Gleichheit, Brüderlichkeit. Das Motto der Französischen Revolution könnte aus einem Text von Ibn Chaldun stammen. Nur dass in den vergangenen Jahrzehnten bei immer größeren Teilen der Bevölkerung Zweifel aufgekommen sind, ob diese Erzählung noch der Wirklichkeit entspricht. Nicht ohne Grund kommt es in regelmäßigen Abständen zu brutalen und gewalttätigen Übergriffen in den Vorstädten, den Banlieus. Obwohl das Land der Revolution seine republikanischen Leitwerte vor sich herträgt wie eine Monstranz, scheinen diese eben nicht für alle Franzosen gleichermaßen zu gelten. Zumindest empfinden die Jugendlichen in den tristen Banlieus, zumeist die Nachfahren arabischer Arbeitsmigranten aus Nordafrika, dass sie nicht gleich behandelt werden – nicht wenn es um den Besuch der wichtigen Eliteschulen geht, nicht auf dem Arbeitsmarkt, nicht vor Richtern und vor der Polizei. Die

nationale Erzählung hat einen Riss bekommen. Die Story
passt nicht mehr zur Lebenswirklichkeit der Menschen. So
weit darf es nicht kommen.

In Deutschland haben wir uns bislang damit schwer-
getan, eine positive, optimistische Erzählung für unsere
Gesellschaft zu entwickeln. Aber wir brauchen eine solche
Erzählung für unser Land. Und es gibt vieles, was wir erzählen könnten. Wir haben einiges zu bieten, woraus ein
demokratisches Nationalepos gestrickt werden könnte. Natürlich gibt es in unserer jüngeren Geschichte tief-
schwarze Kapitel, die wir niemals vergessen dürfen. Aber
die Geschichte geht weiter. Wir können von dem lang-
samen und mühevollen Aufstieg zu einer heute gefestig-
ten und selbstbewussten Demokratie berichten. Von einem wiedervereinten deutschen Rechtsstaat, der weit über
Europa hinaus ausstrahlt und als ein Musterbeispiel für
demokratische Kultur und eine tolerante Willkommens-
kultur gilt. Wer hätte das nach 1945 für möglich gehalten?

Es gibt heute nur sehr wenige Länder auf diesem Planeten, in denen die Grundprinzipien der Aufklärung – und
damit die Bausteine für eine »europäische Leitkultur«,
wie sie Bassam Tibi definiert hat – so gut funktionieren
wie in Deutschland. Demokratie, säkulare Gesellschaft,
Menschenrechte, Primat der Vernunft über Glaube, selbstbewusste Zivilgesellschaft, Toleranz. Das alles funktioniert bei uns vergleichsweise gut. Dafür brauchen wir nur
in zwei der Ursprungsländer der Demokratie zu schauen –
nach Griechenland oder in die USA. Nicht viel besser sieht

es in Großbritannien, in Polen oder Ungarn aus. Frankreich und Österreich sind soeben haarscharf an der politischen Katastrophe vorbeigeschrammt.

Am 12. November 2016 wartete die *New York Times* mit einer geradezu sensationellen Meldung auf. Nach Barack Obamas Ausscheiden aus dem Amt des Präsidenten, hieß es dort, sei Angela Merkel womöglich die »letzte Verteidigerin des freien Westens«. Wobei die Bundeskanzlerin eher als Chiffre für das ganze Land benutzt wird. Hätte zuvor Gerhard Schröder in politisch ähnlich unruhigen Zeiten regiert, dann wäre er als leuchtendes Beispiel für einen sattelfesten Demokraten hochgehalten worden. Denn Deutschland, die deutsche Politik, gilt inzwischen als wind- und wetterfest. Die Autoren des Artikels analysieren die Gründe für die moralische Stärke dieses neuen Deutschlands. Dort heißt es unter anderem: »An einem schicksalhaften Tag, an dem die Deutschen normalerweise der Reichskristallnacht gedenken – der Nazi-Pogrome gegen Juden am 9. November 1938 –, und gleichzeitig dem glücklichen Fall der Mauer am 9. November 1989, an diesem Tag bot Angela Merkel Donald Trump ihre enge Kooperation an und nannte ihm dafür aber auch den Preis: Von einem Mann, der sich über beides lustig gemacht hatte, forderte sie Respekt für die Menschenwürde und für die Würde der Minderheiten.« Interessant ist für mich hier vor allem eins: Die Autoren ziehen ganz bewusst eine Linie von der Nazi-Barbarei über die Wiedervereinigung bis hin zur heutigen demokratischen Vorbildfunktion. Eine ähnliche historische Verbindungslinie hatte zuvor schon der britische Historiker Sir Ian Kershaw gezogen. »Deutschland ist heute wahrscheinlich das friedlichste Land in ganz Europa«, sagte Kershaw nach der Brexit-Abstimmung. Er sieht nun – und das ist für einen Briten besonders bemerkenswert – in Deutschland ein demokratisches Bollwerk gegen die rechtsextremen und populistischen Verführer in der westlichen Welt.

Das ist der Beginn unserer großen Erzählung. Hier müssen wir ansetzen.

Vor kurzem hat es Wolf Biermann auf den Punkt gebracht: »Die Wahrheit ist, dass Deutschland das reichste Land auf der ganzen Welt ist. Das ist keine Angeberei und Übertreibung. Und das freieste Land auf der ganzen Welt. Mit der höchsten demokratischen Kultur. Witzigerweise ausgerechnet nach der Nazi-Zeit. Aus dem Schock über die mörderische Zeit dieses Volkes.«

Der engagierte Dichter und Sänger sieht diese Errungenschaft allerdings in Gefahr. Durch die Populisten und Dumpfrechten, die nun allerorten aufziehen und gegen Flüchtlinge und Ausländer hetzen. ›Und jetzt tun diese Trauergestalten – diese Angstbeißer würde ich sie nennen –, als würde ihnen das letzte Stück Brot weggenommen werden«, ärgert sich Biermann. »Das ist falsch und gefährlich und verbrecherisch dazu und eine Schande. Und das tut mir weh.«

Mir tut das auch weh. Denn die Erzählung der Populisten ist eine Erzählung der Angst. Wir müssen und können aber eine Geschichte der Hoffnung erzählen, und wenn diese Geschichte funktioniert, dann wird die verquere Weltsicht der Populisten bald niemand mehr hören wollen.

Wir müssen deutlich machen, dass die Populisten den Begriff »Leitkultur« für ihre Zwecke missbrauchen.

Wer ein Faible für Realsatire hat, der sehe sich im Internet das neue »CSU-Grundsatzprogramm« an. Auf der Startseite ziehen an einem strahlend blauen Himmel animierte Wolken vorbei. Darunter sieht man auf einem Wanderweg eine glückliche junge Familie. Ein Kind pflückt Butterblumen. Und mittendrin, direkt hinter dem bayerischen Löwen und der Raute, prangt der Slogan: »Die Ordnung«. Ganze neun Mal taucht das Wort Leitkultur in dem aktuellen, im Herbst 2016 verabschiedeten Programm auf. In der Version von 2007 musste noch ein einziges Mal reichen.

Offenbar ist Leitkultur das neue Steckenpferd der Partei. Wobei nicht ganz klar ist, ob sie jetzt eine bayerische oder eine deutsche Leitkultur meint. »Leitkultur gibt Integration eine Grundlage, Heimat stiftet Identität«, heißt es gleich zu Beginn. Hm, da könnte ich mitgehen. Weiter hinten folgt dann eine Art Definition des Begriffs: »Gemeinsame Regeln des Zusammenlebens schaffen Identifikation und stiften Zusammenhalt. Wir bekennen uns zur Leitkultur unserer offenen Gesellschaft als Maßstab des gelingenden Zusammenlebens. Leitkultur steht für den gelebten Grundkonsens in unserem Land: die Werteordnung und Prägung des Landes anerkennen; die Religionsfreiheit und ihre Grenzen achten; kulturelle Traditionen respektieren; andere Lebensweisen tolerieren; sich an die Gepflogenheiten des Alltags halten; sich auf Deutsch verständigen. Wer bei uns lebt, muss die Leitkultur unseres Landes respektieren.« Das würden wir wahrscheinlich alle so unterschreiben können.

* * *

Das Problem ist, dass die Konservativen aus Bayern darüber hinaus ähnlich unkonkret bleiben wie vor fünfzehn Jahren Friedrich Merz im Bundestag. Was verstehen sie denn nun unter Prägung des Landes? Was heißt Religionsfreiheit für Deutschland? Was sind die Gepflogenheiten des Alltags? Ist ihre Leitkultur jetzt einladend oder ausgrenzend? Wer sagt, was unsere kulturellen Traditionen sind? Nur die Alteingesessenen oder auch die frisch Zugezogenen? Darauf bekommen wir bei der CSU keine Antworten.

Auch die AfD versucht sich an einer Definition der Leitkultur für Deutschland. Einer der zentralen Sätze im Parteiprogramm dazu lautet: »Der Islam gehört nicht zu Deutschland.« Für mich sind solche Aussagen blanker Unsinn. Denn wenn in unserem Land vier Millionen Muslime leben, von denen auch viele einen deutschen Pass besitzen, dann gehört der Islam natürlich zu Deutschland. Ob er Teil der deutschen Leitkultur ist, bleibt dann natürlich eine andere Frage. Dazu später mehr. Interessant ist, wie die Rechtspopulisten weiter Leitkultur definieren, denn für die Theoretiker der Rechtsaußenpartei gehören zu den zentralen Bezugspunkten unseres Landes die »wissenschaftlich-humanistische Tradition, deren antike Wurzeln in Renaissance und Aufklärung erneuert wurden«. Außerdem das »römische Recht, auf dem unser Rechtsstaat fußt«. Hier liegen die Rechtspopulisten ausnahmsweise einmal richtig. Wie allerdings das völlig unwissenschaftliche historische Herumgeeiere und das unerträgliche Gehetze der AfD mit diesen Wurzeln zusammenhängen soll, ist mir ein Rätsel. Und last not least das Römische Recht als Grundlage unseres Rechtsstaates. Ich bin in Samaria geboren, einer Region, die vor mehr als zweitausend Jahren als Provinz zum Römischen Reich gehörte. Gesetze aus dem fernen Rom galten dort viele hundert Jahre, bevor sie in germanische Stammesriten und Rechtsprechung aufgenommen worden sind. Wie könnte ich diesem zentralen Punkt nicht zustimmen? Natürlich ist die römische Rechtsauffassung Grundlage für unsere Verfassung und unsere Gesetze. Und das ist auch gut so. Aber um das festzustellen, braucht es keine Populisten. Das habe ich mit zwölf Jahren im Sozialkundeunterricht gelernt. Wie viele Millionen andere Schülerinnen und Schüler in diesem Land auch.

Dass ein kulturelles Leitbild für unser Land nicht nur aus Paragraphen bestehen kann, hat das konservative Lager verstanden. Konservative und Rechtspopulisten sprechen daher beim Thema Leitkultur bewusst die Gefühle

der Menschen an. Allerdings beziehen sie dabei nicht alle
Bürger unseres Landes mit ein, sondern im Gegenteil, sie
grenzen viele Mitbürger gezielt aus.

Die Konservativen haben den Begriff der Leitkultur
vom weltoffenen und weitsichtigen Professor Bassam Tibi
übernommen, aber sie haben ihn für ihre Zwecke umge-
deutet. Toleranz wird bei ihnen auf diese Weise zu einem
Mittel der Ausgrenzung. So schwingen sich einige besonders Konservative und Rechtsaußenpolitiker auf einmal zu
Vorkämpfern für die Schwulenrechte auf. Befürworter der
traditionellen Geschlechterrollen legen sich plötzlich für
die Emanzipation der Frauen ins Zeug. All das, um einer
vermeintlichen Islamisierung der Gesellschaft zu wehren.

Als Bassam Tibi 1998 sein Konzept einer europäischen
Leitkultur vorstellte, monierte er, dass das deutsche Konzept von Nation sich nicht mit den europäischen westlichen Werten vertrage: »Die deutsche Idee der Nation als
exklusive Kulturnation entspricht nicht den europäischen
westlichen Werten, weil sie letztendlich ethnisch oder ex-
klusiv-kulturell bestimmt ist.« Tibi weiter: »Entsprechend
ist das deutsche Abstammungsrecht ethnisch, ja anachro-
nistisch, und passt somit nicht in den Rahmen unserer
Zeit.« Tibi sprach aus eigener Erfahrung: »Als Migrant
lehne ich die tradierte deutsche Auffassung, die Nation
sei eine ethnisch-kulturell homogene Gruppe, deshalb ab,
weil es für mich und fast zehn Millionen in Deutschland
lebende ›Fremde‹ hiernach in einer solchen Nation keinen
Platz gibt.«

Das war noch vor Rot-Grün und den grundlegenden Reformen der Regierung Schröder.

Doch ich fürchte, dass die grundlegende Veränderung der deutschen Gesellschaft auch nach der Reform des Staatsbürgerschaftsrechts noch nicht wirklich in den Köpfen der Menschen angekommen ist. Wer heute Deutscher ist, das entscheidet der Pass. Was einen Deutschen ausmacht, das müssen wir aber noch definieren.

»Wir Migranten wollen Integration und inneren Frieden und kein Multi-Kulti-Pulverfass, keine Revolution und auch keinen Klassenkampf unter veränderten Vorzeichen«, schrieb Bassam Tibi. Sehr richtig. Wir sollten ihm den Gefallen tun und die Grenzen und Möglichkeiten unserer Gesellschaft klar benennen.

Die britischen Politsoziologen David McCrone und Paula Surridge kommen in einer Studie aus dem Jahr 1998 (»National Identity and National Pride«) zu dem Schluss, dass es sich bei dem Begriff der nationalen Identität um eines »der am meisten diskutierten Konzepte des 20. Jahrhunderts handelt, das aber zugleich am wenigsten verstanden wurde«. Permanent wird die nationale Identität eingefordert. Was sich dahinter verbirgt, bleibt aber in aller Regel ungeklärt. Wer sind also *die* Briten, *die* Franzosen oder *die* Deutschen? Mitnichten ein ethnisch homogener »Volkskörper«, wie die Demagogen uns weismachen wollen. Wir dürfen ihnen mit ihrem Märchen nicht auf den Leim gehen. Zu keiner Zeit gab es in Deutschland die eine homogene Gesellschaft. Nicht nur bestand Deutschland schon immer aus einem bunten Gemisch von unterschiedlichen Volksgruppen mit ihren ganz unterschiedlichen Dialekten und Sitten und Gebräuchen, von den Friesen im Norden bis zu den Bayern im Süden. Auch gab es schon immer Einwanderung, sodass Nachnamen wie de Maizière, Gysi oder Podolski längst nicht mehr als »fremd« empfunden werden. Wer heute noch den Versuch unternimmt, Deutschsein über die Zugehörigkeit zu einer »Volksgruppe« oder über den zufälligen Geburtsort vorzunehmen (»Blut und Boden«), disqualifiziert sich selbst für jede ernsthafte Diskussion.

KAPITEL 2

DAS MÄRCHEN VOM DEUTSCHEN BLUT

Werfen wir einmal einen Blick ins Geschichtsbuch. Im Jahre 9 nach Christi Geburt kam es zu einem für die Geschichte der Deutschen entscheidenden Ereignis. Im Teutoburger Wald schlug ein Heer deutscher Stämme eine – wie es auf den ersten Blick schien – übermächtige Streitmacht. Drei römische Legionen, mehr als 15 000 Soldaten, wurden während des tagelangen Gemetzels im strömenden Regen Germaniens fast völlig zerrieben. Am Ende nahm sich der Feldherr Publius Quinctilius Varus das Leben. Zu sehr hatte ihn die Niederlage gedemütigt. Und Rom hatte endgültig die Nase voll von den Germanen. Folglich gaben sie ihre Ambitionen auf, das Reich im Norden zu erweitern. Sie bauten eine große Holzmauer – den sogenannten Limes – und wollten in Zukunft einfach nur noch ihre Ruhe haben. Die Schlacht im Teutoburger Wald geriet später zum Gründungsmythos eines geeinten Deutschlands. Zum Gründervater erklärt wurde Hermann der Cherusker, der Anführer der germanischen Horden. Eigentlich hieß der Mann Arminius, aber Hermann klang irgendwie deutscher, weshalb er viele Jahre nach seinem Tod einfach umgetauft wurde. Da hatte der zur Zeit der Schlacht fünfundzwanzigjährige Jungspund bereits in die Weltliteratur Einzug gehalten. Tacitus, der große römische Schriftsteller, hatte ihn zum Befreier Germaniens erklärt. Später machten die teutonischen Nachfahren daraus kurzerhand den »Befreier Deutschlands«.

Hermann, alias Arminius, ist aber noch aus einem weiteren Grund für uns von Interesse. Denn Hermann war zwar ein Spross aus germanischem Adel. Zugleich besaß er das römische Bürgerrecht. Mit anderen Worten: Die mythische Gründerfigur Deutschlands hatte die doppelte Staatsbürgerschaft. Arminius oder Hermann war quasi der erste Deutsche und gleichzeitig noch der erste Deutsche mit einem Doppelpass. Doch damit nicht genug: Er war auf seinen römischen Pass sogar stolz.

In der Zeit, als die rot-grüne Regierung für das neue Staatsbürgerschaftsrecht stritt, musste ich oft an Hermann denken. Damals gab es heftigsten Widerstand gegen die zentrale Reform der neuen Bundesregierung. Denn es ging ans Eingemachte, um die Frage, ob Deutscher nur sein konnte, in dessen Adern »deutsches« Blut floss. Ich hörte von Hermann zum ersten Mal in der Schule. Aber es ging nur um die Bedeutung der Schlacht für die deutsche Geschichte. Das reichte mir nicht aus. Ich wollte damals mehr über den Mann wissen. Mich interessierte, wie er es geschafft hatte, einen zerstrittenen Haufen von ganz unterschiedlichen Stämmen zusammenzuführen und so stark zu machen, dass sie gegen das ruhmreiche römische Heer antreten konnten und es schließlich sogar besiegten. Es kam mir auf die Details an.

So wurde ich zu einem Stammgast in der Spandauer Stadtbibliothek. Ich sehe noch den Lesesaal vor mir, der mir als kleinem Jungen riesig vorkam. In der Erinnerung tauchen die Bibliothekare auf, wie sie mir die bestellten Bücher brachten oder mir andere empfahlen. Oft blieb ich bis spätabends dort, ohne zu bemerken, dass die Öffnungszeit schon wieder vorbei war. Im Winter war es dann bereits stockfinster, wenn ich aus dem Gebäude ging. Aus den lichten Regionen des Wissens trat ich hinaus ins Dunkel der Wirklichkeit. Das Neubaugebiet Heerstraße Nord galt damals – wie heute – als sozialer Brennpunkt. Ständig kam es zu Randalen, zu Streitigkeiten unter Gangs oder Schlägereien, manchmal sogar Messerstechereien. An den Straßenecken lungerten ziemlich üble Gestalten herum. Noch unheimlicher war es nachts. Ich fürchtete mich damals in den stockdunklen Wegen um die Stadtbibliothek und rannte die meiste Zeit, bis ich bei meinen Eltern im Plattenbau ankam. Trotzdem war ich auch am nächsten Tag wieder in der Bibliothek, nur um abends wieder im Dunkeln verängstigt nach Hause zu sprinten, oft mit einem ganzen Stapel Bücher im Rucksack.

Meine Lieblingsfächer in der Schule waren Geschichte und Erdkunde. In der Oberstufe kam dann Politik dazu.

Besonders hat mich immer fasziniert, wie sich im Laufe

der Jahrhunderte die Landkarte veränderte, wie Länder
sich bildeten, ihre Gestalt wandelten und womöglich sogar irgendwann verschwanden. Sehen wir uns daher mal
das Gebiet an, das die Römer Germanien nannten. In den
Jahrhunderten nach der Varusschlacht lässt sich der Land-
strich grob in zwei Regionen teilen. Einmal gibt es das Gebiet, das die Römer erobert hatten und das sie bereit waren
zu verteidigen. Dies endete an der Donau und am Main
und erstreckte sich längs des Rheins nordwärts. Vor den
Römern waren auf das Gebiet bereits Kelten eingewandert,
die sich ebenfalls gegen die Germanen im Norden verteidigen mussten. Die kulturelle Trennlinie war also nicht neu.
Nur dass die Römer ihre Abschottung etwas strategischer
angingen, indem sie gegen die barbarischen Horden einen
Grenzwall errichteten. Allerdings war der alles andere als
undurchlässig. Immer wieder kam es zu Durchbrüchen
durch Kriegertrupps aus dem Norden. Aber viel wichtiger
war, dass es ein System des Austauschs gab. Es war durchaus im Interesse der Römer, dass es zu einem regen Grenz-
handel kam. So lässt sich auch erklären, wieso der Limes
alles andere als ein hochgerüstetes Bollwerk war, sondern
auf weiten Strecken nicht viel martialischer aussah als ein
besserer Gartenzaun.

Das bedeutet nun aber, dass gut ein Drittel des heutigen
Territoriums der Bundesrepublik durch die römische Kultur beeinflusst wurde, dass sich auf diesem Gebiet schon
vor zweitausend Jahren südländische Menschen niederlie-
ßen und das Land zu ihrer Heimat machten. Castra Vetera,

Colonia Claudia Ara Agrippinensium, Augusta Treverorum oder Ratisbona etwa waren die Vorläufer unserer heutigen Städte Xanten, Köln, Trier oder Regensburg. Immer noch graben Archäologen dort Geschirr, Waffen oder Müllkippen aus römischer Zeit aus. *Zum Glück*, muss man heute sagen, hat die römische Kultur Einzug in die Gebiete nördlich der Alpen gehalten. Denn so gelangten die Errungenschaften des hochentwickelten Südens – Schrift, Rechtswesen, Geld, Architektur, Straßenbau – in den unterentwickelten Norden. Wenn wir so wollen, dann sind unsere weltberühmten Autobahnen die konsequente Weiterentwicklung der römischen Straßen, die damals durch Germaniens Wälder gezogen wurden.

Um das Jahr 400 n. Chr. kam es zu den großen Völkerwanderungen in Europa. Im Zentrum dieser massiven Migration stand wieder das Gebiet der heutigen Bundesrepublik Deutschland. Von der Nordküste des Schwarzen Meers zogen quer über den Kontinent die Goten. Ihre Reise dauerte fünfunddreißig Jahre. Dabei legten sie gut zweitausend Kilometer zurück. Doppelt so viel schafften die Vandalen, die aus Mitteleuropa aufbrachen und zum Teil sogar das Mittelmeer überquerten. Ihre Wanderung fand unter genau den entgegengesetzten Vorzeichen der heutigen Flüchtlinge statt. Gewiss war ihre Überfahrt über das Meer bis in den Norden Afrikas nicht minder lebensgefährlich.

Bis ins Jahr 1945 hat die Geschichtswissenschaft von der Zeit der Völkerwanderungen ein völlig falsches Bild gezeichnet, wie Peter Heather, Professor für mittelalterliche Geschichte am King's College London, in seinem Buch *Invasion der Barbaren* schreibt. Man habe sich die Menschenströme wie ein Billardspiel vorgestellt: Eine Kugel wird angestoßen, die andere Kugeln anstößt, und viele weitere bewegen sich anschließend in die unterschiedlichsten Richtungen. Am Ende jedoch bleiben alle Kugeln, wie sie sind. Die ursprünglichen Ethnien bestehen also weiter, nur an einem anderen Ort. Das ist falsch. Vielmehr muss man sich die Völkerwanderung wie einen großen Suppentopf vorstellen. Die Grundsubstanz ist eine klare Brühe, dann wird zum Beispiel ein Kürbissud hineingegossen, anschließend etwas scharfes Öl, Sahne und zum Schluss Kerbel. Die Grundsubstanz ist gleich geblieben, der Charakter, der Geschmack, hat sich komplett verändert.

Das bedeutet: Die Suppe, die wir heute Deutschland nennen, ist nur deswegen so schmackhaft, weil sie aus sehr vielen verschiedenen Zutaten besteht. Oder in den Worten von Peter Heather: »Die Art nationaler Identität, die im Europa des 19. Jahrhunderts propagiert wurde, war ein historisches Konstrukt.«

In deutschen Landen fand diese Konstruktion etappenweise statt, während des Paulskirchen-Parlaments, während der Bismarckjahre, im späteren Kaiserreich und auf besonders unrühmliche Weise während der Nazidiktatur. Das Deutschland-Bild, das dabei entstand, entsprach dem Wunschdenken der Zeitgenossen, hatte mit der historischen Wirklichkeit aber nicht viel zu tun. »Das Nationalgefühl des 19. und frühen 20. Jahrhunderts lässt sich nicht auf die ferne Vergangenheit übertragen«, so Heather.

Tatsächlich war das Gebiet der heutigen Bundesrepublik schon in den Jahrhunderten vor und nach Christi Geburt ein wahrer Durchgangsbahnhof. Kelten, Römer, Germanen, Slawen – vier komplett unterschiedliche Kulturformen also – drängten sich hier, beeinflussten sich, handelten miteinander, heirateten untereinander oder bekämpften sich. Aus dem Norden kamen die Wikinger. Später fielen aus dem Osten die Magyaren ein, auch sie hinterließen ihre Spuren. Aus dem Süden drängten die Sarazenen über Spanien nach Europa. Zwar gelangten sie nicht bis auf das Gebiet des heutigen Deutschlands, aber Teile des Reiches, die unter der Herrschaft des Franken Karls des Großen standen, gerieten durchaus unter ihren Einfluss. Etwa Teile Norditaliens oder Südfrankreichs. Vereinzelt tauchten sarazenische Trupps, die über den Großen St. Bernhard Pass die Alpen überquert hatten, sogar in der Schweiz auf.

Es war ein ständiges Hin und Her, aber letztlich formten die vielen Stämme und Kulturen in einem ersten Schritt das, was als der Ursprung der deutschen Gesellschaft angesehen werden kann – eine Urgesellschaft, nicht ethnisch homogen, sondern ein Mischmasch aus den unterschiedlichsten Herkünften, Sprachen und Traditionen. Wenn wir dies verstanden haben, dann ist auch klar, wie müßig die Frage ist, ob jemand »deutsch« ist oder nicht. Peter Heather dazu: »Grundsätzlich ist Identität also eine Frage der

Wahrnehmung und keine abzuhakende Liste mit messbaren Kriterien.«

Das erinnert mich an eine Geschichte aus der Kindheit, die uns unser Vater erzählt hat. Es war Mitte der siebziger Jahre, kurz nach seiner Ankunft in Deutschland. Also bevor er seine Familie nachgeholt hatte. Während der ersten Jahre lebte er einige Zeit in Stuttgart, wo er sich mit Arbeitskollegen ein Zimmer teilte. Es war im Frühjahr, der VfB Stuttgart hatte gerade eine Meisterleistung hingelegt – es muss der Wiederaufstieg in die Erste Bundesliga gewesen sein. Ganz genau konnte das unser Vater in der Erinnerung nicht mehr sagen. Auf jeden Fall war die Stuttgarter Innenstadt proppenvoll. Tausende Menschen schoben sich über den Schlossplatz und durch die Königsstraße, und mitten unter diesen Feierwütigen – mein Vater. Er hatte sich dorthin verirrt und begriff erst gar nicht, was da auf ihn zurollte. Aber die ausgelassene Stimmung muss ansteckend gewesen sein, denn auch mein Vater lachte und feierte mit den übrigen Stuttgartern. Doch dann stand um ihn herum auf einmal eine Horde von kurzrasierten Männern. Hooligans also, nur dass die damals noch nicht so genannt wurden. In den Händen Bierflaschen. Die Männer krakeelten Unverständliches. Plötzlich kamen die Männer auf meinen Vater zu. Die Kahlrasierten hatten ihn offenbar im Visier. Und dann passierte das Unglaubliche. Einer der Typen trat zu meinem Vater und umarmte ihn. Der Besoffene drückte ihn, sah ihn dann mit einem dicken Grinsen an und grölte: »Mir sin Meischdrrrr!«, und drückte meinen Vater gleich noch einmal. »Ja, wir sind Meister«, erwiderte mein Vater völlig baff. Schließlich konnte er sich befreien und den Heimweg antreten.

Vielleicht sollte ich dazusagen, dass mein Vater niemals besonders orientalisch ausgesehen hat. Er hatte hellbraune Haare, sein Teint war eher blass. Und auch durch seine Kleidung war er nicht von anderen Ur-Stuttgartern zu unterscheiden. Trotzdem hatte das Erlebnis bei uns Kindern einen lebhaften Eindruck hinterlassen. Denn im Alltag hatten wir nicht selten mit Vorurteilen zu kämpfen. Umso verwirrender für uns, dass nun ausgerechnet Skinheads unseren Vater herzlich in die Arme genommen hatten. Die Geschichte zeigt mir vor allem eines: Ob jemand dazugehört oder nicht, ist immer Wahrnehmungssache. Der Kahlrasierte war davon überzeugt, dass mein Vater dazugehören musste. Dass er ein muslimischer Palästinenser, ein Zugewanderter war, konnte er ihm offenbar nicht ansehen. Wobei besagter Glatzkopf mit ziemlich großer Wahrscheinlichkeit selbst kein hundertprozentiger »Germane« war. Stuttgart gehört in Deutschland zu den Städten mit dem höchsten Anteil an migrantischen Einflüssen, was nicht zuletzt mit den zahlreichen sogenannten Gastarbeitern in den Werkhallen von Mercedes-Benz, Porsche und Co. zusammenhängt. Aktuell weist die Metropole am Neckar einen Ausländeranteil von 25 Prozent aus, das gehört in Deutschland mit zu den höchsten Werten. Ganze 44 Prozent der Einwohner der schwäbischen Landeshauptstadt haben einen Migrationshintergrund. Mehr als

150 000 Stuttgarter haben heute einen ausländischen Pass, vorwiegend stammen diese Wahlschwaben aus Ost- und Südosteuropa.

* * *

Deutschland einig Einwanderungsland! Nirgendwo kann man dies so schön beobachten wie in Berlin. Die erste große Einwanderungsbewegung der Neuzeit beginnt in Berlin nach 1648. Denn im Zuge des Dreißigjährigen Kriegs war die Bevölkerung von Berlin auf gerade einmal 4000 Einwohner geschrumpft. Ein Witz im Vergleich zu anderen Metropolen zu der Zeit wie Paris, London, Wien, Neapel – oder etwa Konstantinopel, das heutige Istanbul, das damals schon 300 000 Einwohner zählte. Verheerung, Plünderung, Hungersnöte, Vertreibungen, Seuchen und Epidemien hatten in der kurfürstlichen Residenzstadt ihre Spuren hinterlassen. Aufgefangen wurde der Bevölkerungsschwund Berlins durch den massiven Zuzug vor allem aus dem Ausland. Über die Jahrhunderte hat sich die deutsche Hauptstadt so zu einem Gemisch der unterschiedlichsten Ethnien, Religionen und Hautfarben entwickelt. Russen, Türken, Italiener, Franzosen, Schlesier, Böhmen, Österreicher, Masuren, Spanier, Libanesen, Polen, Ukrainer – alle haben sie ihre Spuren in der Stadt hinterlassen. Die einen mehr, die anderen weniger.

Schon allein der Name: Berlin. Anders als man denken mag, stammt der Stadtname nicht vom Wappentier, dem

Bären, sondern mit hoher Wahrscheinlichkeit von dem slawischen Wort *br'lo* (oder *berlo*), was so viel wie Morast oder Sumpf bedeutet. Heute lässt diesen Ursprung eine lokale Berliner Mikro-Brauerei wieder aufleben, die ihr Craft-Bier stolz »brlo« getauft hat. Viele Berliner haben Nachnamen, die auf slawische Vorfahren hindeuten. Nicht zuletzt der ehemalige Regierende Bürgermeister Klaus Wowereit. Sein Familienname, so hat er selbst immer wieder gerne berichtet, lässt sich auf das slawische Wort für Eichhörnchen zurückführen. Vieles, was uns Berlinern als typisch berlinerisch gilt, ist irgendwann mal importiert worden, man denke nur an die Frikadelle, oder Bulette, die mit den Hugenotten, protestantischen Franzosen, an die Spree kamen. 200 000 protestantische Franzosen flohen ab 1685 aus ihrem Land, weil sie nach dem Edikt von Fontainebleau ihres Lebens nicht mehr sicher waren. 40 000 Franzosen gingen nach Deutschland. Die Hälfte von ihnen nahm allein Brandenburg-Preußen auf.

Und die Franzosen nutzten die Gunst der Stunde. Überall errichteten sie Werkstätten und moderne Manufakturen. Sie eröffneten die ersten Patisserien und Tapisserien. Fortan wurden edle Schokotörtchen und Gobelinteppiche in Berlin produziert.

Es lief auch nicht alles gleich rund. Die neuen Produkte wurden teils am Markt vorbeiproduziert, da die Einheimischen entweder mit den edlen Waren noch nichts anzufangen wussten, oder es fehlte schlicht an Kaufkraft. So manches Unternehmen musste vom Staat subventioniert werden, damit es überhaupt weitergehen konnte. Aber unterm Strich bewirkte die französische Zuwanderung einen enormen Modernisierungsschub für die einheimische Wirtschaft. Das Manufakturwesen wurde von den Franzosen hierzulande eingeführt.

Doch nicht nur protestantische Glaubensflüchtlinge veränderten das Bild Berlins. Auch jüdische Vertriebene fanden an der Spree immer wieder Schutz. Und auch die jüdischen Zuwanderer sorgten dafür, dass es mit Berlin immer aufwärtsging. Auch wenn nicht gleich die erste Generation der Zuwanderer erfolgreich war. Je mehr die jüdischen Zuwanderer integriert waren, je freier sie sich bewegen und arbeiten konnten, umso erfolgreicher wurden sie. Später folgten Schwergewichte der deutschen Wirtschaftsgeschichte, die aus der jüdischen Zuwanderung hervorgegangen sind. AEG-Gründer Emil Rathenau etwa oder der liberale Finanzpolitiker Ludwig Bamberger, der zu den Gründern der Deutschen Bank gehörte.

Wenn ich mir eine historische Figur aussuchen könnte, die ich heute gerne einmal treffen würde, so wäre es Friedrich Wilhelm von Brandenburg, der mit seinem Edikt von Potsdam im Jahr 1685 die Hugenotten einlud, sich in Brandenburg niederzulassen. Ich würde ihn gerne fragen, ob er keine Angst gehabt habe, dass die Neuankömmlinge sein Land zu sehr verändern würden? Dass die Menschen, die hier bereits lebten, die Fremden vielleicht hätten ablehnen können? Ob er niemals befürchtet habe, dass ihm das Ganze irgendwie über den Kopf wachsen würde? Denn was mit dem Edikt auf Brandenburg und Berlin zukam, war eine verwaltungstechnische Aufgabe von gigantischem Ausmaß. Nach den Zuzugswellen war jeder fünfte Berliner ein ehemaliger Flüchtling. Das wäre so, als wenn wir heute auf einmal in Berlin 700 000 Flüchtlinge hätten.

* * *

Springen wir zwei Jahrhunderte in der Zeit voraus und von Brandenburg in die Rhein-Ruhr-Region. Dort zwischen Dortmund und Duisburg, zwischen Gelsenkirchen und Hagen kam es ab Mitte des 19. Jahrhunderts zu einem Mangel an Arbeitern. Weil die Stahlmagnaten Thyssen, Krupp oder Stinnes nicht genügend Arbeitskräfte in der Region fanden, mussten sie außerhalb Deutschlands anheuern. So kamen zwischen 1885 und 1914 Tausende Polen an die Ruhr, wo sie als Minenarbeiter, als Stahlkocher und Kohlekumpels für den wirtschaftlichen Aufschwung mitverantwortlich waren. In einer Stadt wie Bottrop vervierfachte sich die Einwohnerzahl auch durch die Zuwanderung. Fast jeder zweite Bottroper hatte um die Jahrhundertwende polnische Wurzeln. Noch kurz vor dem Ersten Weltkrieg schimpften die Gegner den FC Schalke 04 »Polackenverein«. Wobei wohl auch viel Neid mitschwang, denn polnische Spieler erkämpften für den Verein einige sportliche Erfolge. Noch heute finden sich in den Telefonbüchern von Essen, Hamm oder Bochum zig Slomkas, Lewandowskis oder Przybylas. Wer Schimanski heißt, findet so sicher wie das Amen in der Kirche irgendwann in seiner Vergangenheit einen Einwanderer aus der Kaschubei, aus Masuren oder Oberschlesien. Und sie alle haben an einer Erfolgsgeschichte mitgeschrieben – der Geschichte vom Aufstieg einer der reichsten und produktivsten Industrieregionen Europas.

Unser Land war immer dann am stärksten, wenn es sich der Welt geöffnet hat und Menschen bei sich aufnahm. Das wurde mir vor wenigen Jahren einmal mehr klar, als ich zu Gast beim SPD-Ortsverband in Lindau am Bodensee war. Dort erzählten mir die Genossen, dass ihre Stadt schon immer ein internationales Handelszentrum war. Bereits im Mittelalter und noch davor in der Römerzeit. Mehrere Handelsrouten trafen sich hier. Die Stadt war berühmt für hochwertige Hüte, die eine Art Exportschlager wurden. Solche Geschichten gibt es überall in Deutschland, und immer lautet das Erfolgsrezept »Weltoffenheit«.

* * *

Was ist deutsch, wenn seit Beginn der deutschen Geschichte alles in Bewegung ist? Wenn sich nicht nur pausenlos die Völker vermischen, sondern wenn dieses Völkergemisch, das sich heute deutsch nennt, auch noch regen Handel treibt? Machen wir den Test: Was trinken die Deutschen heute am liebsten? Nein, nicht Bier, das Gebräu der Germanen. Mit 162 Litern pro Jahr und pro Kopf liegt an erster Stelle, kaum einholbar – der Kaffee. Mokka also, der Trunk des Orients. Der mit den »Muselmännern« nach Wien und später nach Berlin und anderswo hierzulande gelangte. Ohne den Aufmarsch der Türken vor Wien sähen die Frühstückstische in Hamburg, Hanau und Hermsdorf heute wahrscheinlich anders aus.

Unser Zahlensystem stammt aus dem arabischen Raum, die Mathematik aus Indien. Wenn die Priester in der katholischen Kirche ein Messgewand tragen, dann weisen sie sich modetechnisch als direkte Nachfolger der römischen Beamten aus. Kartoffelsalat und Kartoffelsuppe wären ohne Südamerika und die Currywurst nicht ohne Indien denkbar. Und auch Döner, Pizza und Sushi sind bekanntermaßen keine deutschen Erfindungen.

Vor ein paar Jahren brachte die Berliner Senatorin für Arbeit und Integration eine kleine Fibel heraus, in der die kulturelle Vielfalt der Hauptstadt, aber auch der Gesellschaft insgesamt beschrieben wurde. »In Deutschland fehlt bislang eine Tradition, die Einwanderung als Teil der eigenen Geschichte betrachtet«, heißt es darin, »und nicht nur als ein Schicksal, das über das Land hereinbricht und dem die Menschen hilflos ausgesetzt sind.«

Es geht darum zu verstehen, dass das »Fremde« integraler Bestandteil von uns ist. Vieles, was für uns heute die Werte, die Kultur in unserem Land ausmacht, brachten uns »Fremde« – von der Demokratie der alten Griechen und dem Römischen Recht bis hin zum Bürgerlichen Gesetzbuch in der Nachfolge des Code Napoléon.

Und es ist überall das Gleiche. Wo immer wir die kulturellen Besonderheiten einer Nation näher unter die Lupe nehmen, stellen wir fest, dass es mit der nationalen Exklusivität nicht weit her ist. Der japanische Shintoismus stammt aus China, und die französische Kochkunst von italienischen Renaissance-Köchen. Und genauso ist es mit den Werten, die uns leiten. Es gibt keine spezifischen deutschen Werte, die exklusiv nur uns Deutsche auszeichnen würden. Aber es gibt Werte, die sich im Zusammenleben aller in Deutschland lebender Menschen herausgebildet und bewährt haben. Diese Werte müssen immer wieder auf den Prüfstand gestellt werden, müssen immer wieder neu definiert werden. Darum soll es im Folgenden gehen.

KAPITEL 3

DIE SPIELREGELN

Auf der Titelseite der Broschüre prangt ein grüner Kreis, der von drei stilisierten weißen Dreiecken ausgefüllt wird. Das Ganze ist grau umrandet. In dem grauen Rand drei farbige Abschnitte: schwarz, rot und gelb. Ganz schlicht. In fetten Lettern steht darunter: »Fußball-Regeln 2016/2017«. Bei dem unscheinbaren Büchlein handelt es sich um so etwas wie die Bibel für den deutschen Nationalsport Nummer eins. Ganze 124 Seiten ist das Regelwerk des Deutschen Fußball-Bundes in seiner aktuellen Version dick. Allein für die Beschreibung des Spielfelds braucht es zehn Seiten. Damit es auch ja nicht zu Missverständnissen kommt, wird mit Diagrammen und Graphen illustriert, wie ein regelkonformes Feld auszusehen hat.

Mir ist das alles etwas zu detailversessen. Beim Fußball interessiert mich vor allem der Unterhaltungswert. Aber der DFB wird sich etwas dabei gedacht haben, sich so ausführlich und detailliert mit den Regeln zu befassen. Profifußball ist – überall auf der Welt – keine bloße Unterhaltungs-Show. Er ist für viele Menschen im Land integraler Bestandteil ihres Alltags, und darüber hinaus ist er ein wichtiger Wirtschaftsfaktor. Das alles lässt geraten erscheinen, klipp und klar und für alle zu definieren, nach welchen Regeln hier gespielt werden soll.

Mir gefällt das Büchlein in seiner übersichtlich gestalteten Form mit seinen vielen Schaubildern. Es hat mich angeregt, in ähnlicher Form ein Regelwerk *Neue deutsche Leitkultur* zu erstellen.

Beginnen möchte ich mit einer Zielvorgabe. An ihr muss sich das Gelingen unseres Regelwerks am Ende messen. Ich sage also:

Erfolgreich ist unsere neue deutsche Leitkultur, wenn sie ein friedliches, angstfreies, gerechtes Miteinander aller 82 Millionen Deutschen in größtmöglicher Harmonie gewährleistet.

* * *

Bevor wir ins Detail gehen, müssen wir uns über die Bereiche verständigen, die für unsere Gesellschaft von Bedeutung sind. Unverzichtbar ist sicher die moralische Grundlage (1). Sie ist die Basis für den verfassungsrechtlichen, also den gesetzlichen Rahmen (2). Zentral für uns alle, für unser Fortkommen, unsere Verständigung, den Frieden in unserem Land ist darüber hinaus die Sprache (3). Dann müssen wir uns über die Kultur (4) im engeren Sinne verständigen (konkret also über Literatur, Malerei, Musik, Film, Theater). Geklärt werden muss die Frage, wie wir uns soziale Gerechtigkeit und Solidarität (5) in unserer Gesellschaft vorstellen, und damit auch, welche Bedeutung wir der Wirtschaft und dem Wirtschaftsleben (6) beimessen wollen. Eine Besonderheit unseres Landes ist die Teilung, die bis heute Auswirkungen auf das Denken und Fühlen der Menschen hat, sie muss daher ebenfalls berücksichtigt werden (7). Wichtig ist aber nicht nur die Binnensicht, sondern auch, wo wir uns im Verhältnis zu unseren Nachbarn oder gar in der Welt (8) verorten. Eine neue Leitkultur wird daher auch das Verhältnis der Deutschen zur ihrer jüngsten Geschichte thematisieren (9), denn die Barbarei des Dritten Reichs ist Mahnung und Auftrag zugleich, Verantwortung zu übernehmen, im eigenen Land und weltweit.

Ich werde weiter unten noch einen zehnten Punkt vorschlagen, möchte aber nicht vorgreifen.

* * *

Beginnen wir mit den *moralischen Grundlagen* (1). Es geht um die Frage: Welches Verhalten wird als gut und richtig empfunden und welches als böse und verwerflich. Wir suchen eine moralische Fundierung für unsere Leitkultur. Da alle Menschen eine Vorgeschichte haben, eine familiäre Prägung, müssen wir unsern Blick bei der Suche nach moralischen Orientierungen in die Vergangenheit richten. Das moralische Fundament lieferte in vergangenen Generationen vor allem die Religion. Für die überwiegende Mehrzahl der in Deutschland lebenden Menschen müssen wir daher das Christentum heranziehen. Es hat die Familien über Jahrhunderte entscheidend geprägt.

Ich habe mich in den vergangenen Jahren sehr viel mit dem Thema beschäftigt. In vielen Gesprächen mit Priestern, Rabbinern und Imamen bin ich auf die Suche nach der moralischen Basis der Religionen gegangen. Dabei hat mir vor allem der Jesuitenpater Klaus Mertes geholfen. Nachdem wir eine Weile über das Thema gesprochen hatten, sagte er schließlich: »Die Frage, um die es hier geht, lautet im Grunde: Lässt sich der Glaubensakt von der Religion trennen?« Er dachte kurz nach und fuhr dann fort: »Ja, es geht. Und zwar über die Ethik.« Während unseres weiteren Gesprächs zeigte mir Pater Mertes, wo sich dieser ethische Leitfaden finden lässt. »Als Basis können wir die sogenannte Goldene Regel ansehen«, sagte der Jesuitenpater. »Die Goldene Regel findet sich in allen Religionen. Es ist, wenn Sie so wollen, die Essenz des Menschlichen.« Im Christentum finden wir die Goldene Regel im Alten und auch im Neuen Testament. Es sind im Prinzip immer neue Varianten des Gebots aus der Tora: »Du sollst deinen Nächsten lieben wie dich selbst.« So lesen wir bei Lukas 6,31: »Was ihr von anderen erwartet, das tut ebenso auch ihnen.« Bei Matthäus 7,12 taucht die gleiche Stelle fast wortgleich auf. In der Tora gibt es noch unzählige andere Stellen, ebenfalls Varianten des Gebots der Nächstenliebe: »Der Fremde, der sich bei euch aufhält, soll euch wie ein Einheimischer gelten, und du sollst ihn lieben wie dich selbst. Denn ihr seid selbst Fremde in Ägypten gewesen.« Im Koran finden wir denselben Gedanken: »Wer einen Menschen tötet, der tötet die Menschheit. Wer einen Menschen rettet, rettet die Menschheit.« Daneben gibt es einen Hadith, der wie folgt lautet:»Wünsche den Menschen, was du dir selbst wünschst, so wirst du ein Muslim.« In dieselbe Richtung zielt der Konfuzianismus:»Was du selbst nicht wünschst, das tue auch anderen nicht an.« Und:»Dann wird es keinen Zorn gegen dich geben, weder im Staat noch in der Familie.« Im Buddhismus findet sich eine ähnliche Stelle, und zwar in der Spruchsammlung Dhammapada:»Was für mich eine unliebe und unangenehme Sache ist, das ist auch für den anderen eine unliebe und unangenehme Sache.«

Ich könnte noch unzählige weitere Varianten der Goldenen Regel zitieren. Sämtliche Religionen lassen sich auf diese moralische Essenz zurückführen. Damit ist sie wohl geeignet, als moralisches Fundament für unsere neue Leitkultur zu dienen.

Die Trennung von Staat und Kirche ist ein wesentlicher Bestandteil unserer Gesellschaftsordnung. Die Kirche oder andere Religionsgemeinschaften, so wichtig ihre seelsorgerische Tätigkeit auch ist, haben in der Politik nichts zu suchen. Aber auch das Grundgesetz wurde selbstverständlich von moralisch-religiösen Vorstellungen geprägt. Deshalb steht denn auch in der Präambel:»Im Bewusstsein seiner Verantwortung vor Gott und den Menschen … hat sich das deutsche Volk dieses Grundgesetz gegeben.«

Der CDU-Politiker Heiner Geißler hat sich in seinem Buch *Das nicht gehaltene Versprechen* Gedanken gemacht zum christlichen Menschenbild. Dort heißt es:»Die in

der christlichen Botschaft verankerte Gottesebenbildlich-
keit des Menschen, seine daraus resultierende unantast-
bare Würde, die im Gebot der Nächstenliebe begründete
soziale Verantwortung, die Gleichheit aller Menschen vor
Gott und den göttlichen Gesetzen – diese für die Antike
revolutionären, im Lauf der Kirchengeschichte oft ver-
ratenen Grundsätze haben das moderne Verfassungsrecht
Europas und Amerikas geprägt.«

Deutschland wurde im Laufe seiner Geschichte fast aus-
schließlich durch das Christentum, das christliche Menschenbild geprägt, dessen Grundlage das Neue Testament
ist, das bekanntlich seinerseits auf den Heiligen Schriften
des Judentums aufbaut.

Daher sprechen wir von der Kultur des christlich-jü-
dischen Abendlandes. Inzwischen führen diesen Begriff
auch Leute im Mund, die vor noch gar nicht so langer Zeit
alles Jüdische wohl als »undeutsch« bezeichnet hätten.
Natürlich gehört das Jüdische zu Deutschland, und nicht
nur wegen der religiösen Prägung durch das Alte Testament, sondern vor allem wegen der jahrhundertelangen
jüdischen Tradition in diesem Land. In den vergangenen
Jahren habe ich viel Zeit mit Rabbinern und in Synagogen
verbracht. Was mich immer wieder zutiefst beeindruckt,
ist dabei die Ernsthaftigkeit jüdischer Gelehrter, die bis
spät in die Nacht diskutieren können, um Antworten auf
philosophische Fragen zu erhalten. Meine erste intensi-
vere Begegnung mit jüdischen Gelehrten erlebte ich vor
einigen Jahren. Ich war eingeladen worden, im Jüdischen

Bildungsinstitut in Berlin-Wilmersdorf eine Rede zu halten. Als ich durch die Tür des Versammlungssaals trat, sah ich vor mir eine große Menge von Rabbinern. Sie redeten in allen möglichen Sprachen durcheinander: Französisch, Deutsch, Englisch, Spanisch, Polnisch. Und es waren nicht irgendwelche Gelehrte, sondern da saß die Elite der jüdisch-orthodoxen Geisteswelt. Bei der Veranstaltung, und das wurde mir jetzt erst vollkommen bewusst, handelte es sich um die Versammlung der ranghöchsten Rabbiner des Kontinents, die sogenannte Europäische Rabbinerkonferenz. Anwesend waren außerdem hohe Diplomaten – die Botschafter der USA, Frankreichs und Israels –, außerdem wichtige Vertreter der Zivilgesellschaft. Yehuda Teichtal, ein befreundeter Berliner Rabbiner hatte mich eingeladen, dort einige Worte zu sprechen, und ich sollte eine Ehrenurkunde für mein Engagement gegen Rassismus und Antisemitismus entgegennehmen – eine Art Toleranzpreis. Mir war bis zu diesem Zeitpunkt überhaupt nicht bewusst, um was für eine Ehre es sich dabei handelte. Und auch die anwesenden Rabbiner waren wohl etwas irritiert, als sie erfuhren, wer den Preis in diesem Jahr bekommen sollte. »Raed *wer*?«, haben wohl einige hinter vorgehaltener Hand gefragt. Immerhin hatten eine ähnliche Auszeichnung davor so prominente Gestalten wie die Bundeskanzlerin Angela Merkel oder der SPD-Vorsitzende Martin Schulz bekommen.

Als ich schließlich am Rednerpult stand, sahen mich 250 Augenpaare an, und ich begann zu zweifeln, ob die kleine Rede, die ich vorbereitet hatte, vor diesem hohen Gremium wirklich angemessen war. Aber jetzt blieb mir keine andere Wahl. Also legte ich einfach los und trug ihnen vor, wie ich mir das Miteinander der Religionen vorstellte. »Wer einen Menschen tötet, tötet die ganze Menschheit«, zitierte ich die Goldene Regel aus dem Koran. »Und wer einen Menschen rettet, rettet die ganze Menschheit.« Ich sagte den Rabbinern, dass es sicher nicht selbstverständlich sei, dass ein in Palästina geborener Berliner vor ihnen stehe und von ihnen geehrt werde. Dass genau das aber für Berlin und für die Chance stehe, welche die Stadt für alle Religionen biete. Ich ging auf das Verbindende in unseren Religionen ein – auf das zwingende Gebot der Menschlichkeit. »Ich wäre kein guter Muslim, wenn ich mich nicht schützend vor einen Juden stellen würde, der in Not ist«, sagte ich. »Und Sie wären keine guten Juden, wenn Sie nicht einer muslimischen Frau helfen würden, der jemand das Kopftuch herunterreißt.« Ich blickte in nachdenkliche Gesichter. »Und der ist kein guter Christ, der es geschehen lässt, dass Flüchtlingsheime angezündet werden.« Einige der Zuhörer nickten im Saal.

Der Rabbiner Teichtal hatte mich für den Preis vorgeschlagen, unter anderem weil ich mich dafür eingesetzt hatte, das jüdische Gemeindeleben in Berlin zu fördern. So hatten wir eine ordentliche Summe für jüdische Schulen, für einen eigenen Campus und andere religiöse Einrichtungen organisieren können. Ich berichtete den jüdischen Gelehrten daher von meinem Traum, dass die deutsche Hauptstadt eines Tages eine Art Vorreiterrolle spielen werde – als Ort, an dem alle Religionen friedlich miteinander leben könnten. Und dass das eine enorme Entwicklung wäre für eine Stadt, die einst Schaltzentrale des Holocausts gewesen war. Und dass es daher nicht selbstverständlich sei, dass heute wieder einige Zehntausend Menschen jüdischen Glaubens an die Spree gezogen seien und die deutsche Hauptstadt eine der größten und am schnellsten wachsenden jüdischen Gemeinden Europas darstelle. »Die Juden fühlen sich in Berlin wieder wohl«, rief ich. »Es kann für unsere Stadt kein größeres Kompliment geben.«

Da brandete unvermittelt Beifall auf. Einige Rabbiner erhoben sich von ihren Stühlen und hielten die Hände in die Höhe. Ich wusste gar nicht, wie mir geschah.

Ich fuhr fort und sagte, dass ich mir Berlins Zukunft als eine Art Labor für die Welt vorstellte. Hier, in meiner Heimatstadt, stand vor fünfundzwanzig Jahren noch eine Mauer als physisches Zeichen für Spaltung und Trennung. Diese Mauer wurde zum Glück eingerissen, auch durch die kluge Politik von Personen wie Willy Brandt. Aber es gibt sie in gewisser Weise noch immer, diese Mauer – nicht nur in Deutschland, sondern in der ganzen Welt. Es ist eine Mauer in den Köpfen der Menschen. Diese Mauer trennt Religionen, trennt Menschen, spaltet Gesellschaften. Die Aufgabe unserer Generation von Politikern ist es, diese Mauer in den Köpfen der Menschen einzureißen. Berlin könnte hier eine vermittelnde Rolle einnehmen. Die Stadt könnte zu einem internationalen Forum werden, in dem ein lebendiger Dialog der Kulturen stattfindet, der heute notwendiger ist denn je.

Der Empfang im Jüdischen Bildungsinstitut stellt für mich eine der wichtigsten Begegnungen in meinem Leben als Politiker dar. Seitdem hat es immer wieder Gespräche mit Vertretern jüdischen Lebens in Berlin gegeben – mit Rabbinern, Historikern, einfachen Bürgern. Das Judentum gehört für mich zur deutschen Leitkultur – keine Frage. Aber dasselbe gilt für den Islam. Auch viele meiner jüdischen Freunde sehen das so. Die millionenfache Zuwanderung von Muslimen während der vergangenen Jahrzehnte hat auch die religiöse Verortung unseres Landes verändert. Wenn ein muslimischer Deutscher heute das Grundgesetz liest, dann hat er mit der Präambel keinerlei Probleme. Das Wort »Gott« übersetzt er sich ganz einfach mit »Allah«, was für ihn dasselbe ist.

»Der Islam gehört zu Deutschland.« So sprach 2010 der damalige Bundespräsident Christian Wulff. Und er war nicht der Erste, der diese Aussage getroffen hat. Mit praktisch den gleichen Worten eröffnete der CDU-Politiker und damalige Innenminister Wolfgang Schäuble vier Jahre zuvor die deutsche Islamkonferenz: »Der Islam ist Teil Deutschlands und Teil Europas. Er ist Teil unserer Gegenwart und Teil unserer Zukunft.« Und andere Politiker vor ihm, wie zum Beispiel der damalige Bundeskanzler Gerhard Schröder, betonten ebenfalls, dass der Islam dazugehöre zu Deutschland. Und doch scheiden sich an diesem Thema die Geister wie wohl an keinem anderen. Islamfeindliche Gruppen schüren bewusst Ängste. Sie beschwören eine Islamisierung unseres Landes herauf. Sie behaupten, es gebe Kräfte, die in Deutschland womöglich die Scharia einführen wollen. Behaupten, dass in zwanzig Jahren Lehrerinnen nur noch mit Kopftuch an staatlichen Schulen unterrichten dürfen ... Natürlich sind solche Szenarien völlig absurd. Dass sie von einigen Menschen ernsthaft diskutiert werden, verdankt sich einer großen Unkenntnis über den Islam. Hier hilft nur eine gezielte Aufklärung (auch mit wissenschaftlichen Mitteln), um mit den zahlreichen Vorurteilen aufzuräumen, die in den Köpfen der Menschen herumspuken.

Ein typisches Vorurteil ist zu glauben, dass der Islam überall auf der Welt ein und dasselbe ist. Natürlich gilt für alle Religion, dass sie in verschiedenen Teilen der Welt jeweils anders gelebt werden. Man denke an das Christentum in Afrika, etwa in Äthiopien oder Eritrea. Es wird dort völlig anders interpretiert und gelebt als in Europa und wieder völlig anders auf den Philippinen. Und natürlich gibt es auch innerhalb der Länder unterschiedliche Ausprägungen des Christentums, was wir auch in Deutschland beobachten können. Nicht nur teilt sich unser Land in die zwei großen christlichen Konfessionen der Katholiken und Protestanten, sondern es gibt auch bei uns ähnlich radikale Christen wie etwa im amerikanischen Bible Belt, die die Evolutionstheorie leugnen, gegen Sex vor der Ehe wettern, Gleichberechtigung der Geschlechter und

Homosexualität ablehnen und in öffentlichen Massenveranstaltungen »Dämonenaustreibungen« vornehmen.

Nicht anders sieht es beim Islam aus. Er wird in eher liberalen Ländern wie Malaysia oder Marokko völlig anders gelebt als in konservativen Ländern wie in Saudi-Arabien oder im Iran. Die Kultur und die Tradition des jeweiligen Landes nehmen einen entscheidenden Einfluss darauf, wie Menschen ihre Religion ausüben. Ganz automatisch praktizieren auch die Muslime in Deutschland ihre Religion daher anders als etwa im Nahen Osten, dem Ursprungsgebiet des Islam. Muslimische Gläubige hierzulande müssen gleichzeitig die Möglichkeit haben, sich frei entfalten zu können. Nur so ist gewährleistet, dass die hier lebenden Muslime eine eigene, deutsche Variante des Islam entwickeln. Diese Variante wird sich durch den gelebten Alltag von ganz allein ergeben. Wenn hierzulande Muslime in die Kita, in die Schule, an die Uni gehen, dann kennen sie die Vorzüge unserer Gesellschaft. Die Art und Weise unseres Zusammenlebens hat sie geprägt, sie sozialisiert. Die Werte der Aufklärung, Toleranz, Meinungsfreiheit, Menschenrechte, sind ihnen so geläufig wie ihren nichtmuslimischen Mitbürgern.

Für viele Menschen mit muslimischem Hintergrund ist es allerdings nicht nachvollziehbar, dass es Menschen gibt, die keinen Glauben haben. Dass diese Menschen sich allenfalls mit einer »Weltanschauung« zufriedengeben. 70 Prozent der Einwohner Berlins gehören keiner Glaubensrichtung an. Hier brauchen wir auch ein Umdenken bei den Muslimen. Junge Muslime müssen den Wert von Religionsfreiheit akzeptieren und wertschätzen wie die Meinungsfreiheit, wie die Frauenrechte oder die Rechte von Minderheiten.

Doch auch hier ist der gelebte Alltag der Menschen die beste Form der Erziehung. Ich möchte, dass meine Kinder gleichberechtigte Deutsche sind. Und dazu gehört für sie auch ihre Religion. Was soll ich ihnen sagen? Ihr seid Spandauer, Berliner, Deutsche – aber eure Religion gehört nicht dazu? Nein. Sie müssen ihre Religion frei leben können, und zwar völlig selbstverständlich in ihrem deutschen Umfeld. Ich möchte nicht, dass meine Kinder – sollten sie sich irgendwann einmal für ihre Religion interessieren – von »importierten« Imamen unterrichtet werden. Ich möchte, dass deutsche Imame, also hier sozialisierte Geistliche, die unsere Werte und Traditionen kennen und teilen, den jungen muslimischen Deutschen die Regeln ihrer Religion nahebringen. Weltoffene Imame sind das beste Mittel gegen Fanatismus. Denn wer versteht, kann wertschätzen. Wer also unsere Überzeugungen und Ideale begreift und teilt, wird sie dann auch verteidigen. Hass muss man mit Liebe begegnen. Genauso müssen wir den religiösen Scharfmachern entgegentreten. Wenn die vielen jungen Muslime in unserer Gesellschaft sich angenommen und akzeptiert fühlen, dann wird es den Hetzern sehr schwerfallen, sie für ihre Zwecke zu instrumentalisieren. Es handelt sich hierbei um eine Normalisierung der Religion in ihrem deutschen Umfeld. Für mich gehört dies zu den dringlichsten Aufgaben in unserem Land, einen europäischen aufgeklärten Islam zu schaffen. In Europa haben wir die Möglichkeit, dass sich diese bedeutende Weltreligion neu ausrichtet.

* * *

Ein ebenfalls weitverbreitetes Vorurteil besagt, dass der Islam grundsätzlich rückwärtsgewandt und anti-modernistisch sei. Tatsächlich war der Islam im Mittelalter fortschrittlicher als jede andere Religion. Im sogenannten Goldenen Zeitalter vom 8. bis zum 13. Jahrhundert förderte er Kunst und Wissenschaft – vor allem Mathematik, Medizin und Astronomie. Die großen Städte der islamischen Welt waren kulturelle Hochburgen. Der Islam hat daher schon immer eine Faszination auf europäische Intellektuelle, Wissenschaftler und Künstler ausgeübt. Einer von ihnen war Johann Wolfgang von Goethe. Er lernte die arabische Schrift und Sprache, las den Koran und verschlang die Erlebnisberichte zeitgenössischer Arabien-Reisender. In seinem Gedichtzyklus *West-östlicher Diwan* lässt sich dieser Faszination nachspüren.

Noch in den sechziger und siebziger Jahren des 20. Jahrhunderts war der Islam für viele Menschen im Westen eine gleichberechtigte Alternative zu den anderen großen Religionen. Viele berühmte Persönlichkeiten sind denn auch konvertiert: Sportler wie Cassius Clay (alias Muhammad Ali) oder Musiker wie John Coltrane oder Cat Stevens. Erst mit dem 11. September 2001 kam es auf grausame dramatische Weise zum Bruch. Seither ist unser Bild vom Islam geprägt vom Terror.

Dies darf uns aber nicht davon abhalten, mit kühlem Kopf zu analysieren, welche Werte dieser monotheistischen Religion wahrhaft zugrunde liegen und wie sie unsere deutsche Leitkultur bereichern können. Das Bild des Islam zu korrigieren, wäre der effizienteste Schlag gegen die Terroristen. Denn ihr Ziel ist es, einen Keil in die Gesellschaft zu treiben, die Spaltung innerhalb unserer säkularen Länder zu provozieren. Die Antwort auf dieses verbrecherische Ziel kann nur die Annäherung sein.

* * *

Das Grundgesetz ist ohne Zweifel die *rechtliche Grundlage (2)* unseres Zusammenlebens, es muss die zentrale Bezugsgröße für unsere *neue deutsche Leitkultur* sein. Wer Deutschland, unsere Gesellschaft heute verstehen will, der tut gut daran, einmal unsere Verfassung durchzulesen. Aus gutem Grund wurde im Herbst 2015 das Grundgesetz ins Arabische übersetzt und an die ankommenden Flüchtlinge verteilt. Gleichzeitig gilt, dass nicht die ganze Verfassung zur »Leitkultur« erklärt werden kann. Denn wie viele Jahre ein Bundespräsident amtiert, wie ein Gesetz durch den Bundesrat kommt oder welche Flagge ein deutsches Handelsschiff in internationalen Gewässern zu hissen hat, sagt erst einmal nichts über unser Miteinander hierzulande aus. Die technischen Regelungen für den Aufbau unseres Staates haben nicht direkt etwas mit unserer geistigen, moralischen und seelischen Verfasstheit zu tun. Um nach dem Fundament unserer Gesellschaft zu suchen, müssen wir uns also dem Herzstück der Verfassung zuwenden. Sicherlich können wir uns schnell darauf einigen, dass die ersten neunzehn Artikel des Grundgesetzes (die sogenannten Grundrechte) den Wesenskern unserer Demokratie definieren. Genau deswegen gibt es ja auch die »Ewigkeitsklausel«, die besagt, dass diese Artikel niemals geändert werden dürfen. In der Einführung einer Ausgabe des Grundgesetzes, herausgegeben vom Deutschen Bundestag, heißt es fast schon etwas wehleidig: »Populär ist der Text nicht, aber bedeutend.« Mag sein, dass der Text nicht zur Freizeitlektüre der Deutschen gehört, aber es gibt doch zentrale Sätze, die jedem Deutschen sofort in den Sinn kommen, wenn er an die deutsche Verfassung denkt. Sätze wie diese: »Die Würde des Menschen ist unantastbar. Sie zu achten und zu schützen ist Verpflichtung aller staatlichen Gewalt ...« Artikel 1. Für mich klingen diese wenigen Worte wie ein Versprechen. Ein tolles Versprechen. Allein dieser erste Artikel lässt mich meine Entscheidung, Politiker geworden zu sein, niemals bereuen. Denn es ist eine große, eine heilige Aufgabe, zu versuchen, diesen Anspruch jeden Tag und immer wieder aufs neue Wirklichkeit werden zu lassen. Dieser eine Satz, der seinen Ursprung in den schlimmen, verbrecherischen Jahren der Nazi-Diktatur hat, ist ein Vermächtnis und gedacht als Schutz, damit so etwas niemals wieder in Deutschland möglich ist.

Alle weiteren Teile des Grundgesetzes, die wir in unsere Leitkultur mit aufnehmen wollen, sind in gewisser Weise Varianten und Ableitungen dieser einen großen Idee. Sei es das Recht auf freie Entfaltung der Persönlichkeit, das Recht auf Leben und körperliche Unversehrtheit, sei es die Religionsfreiheit, Meinungsfreiheit, Pressefreiheit, Versammlungsfreiheit ... Die Würde des Menschen steht am Anfang von allem. Alles, was unsere moderne Demokratie ausmacht, fußt auf Artikel 1: »Die Würde des Menschen ist unantastbar.«

Der nächstwichtige Absatz ist für mich Artikel 3. Darin heißt es: »Alle Menschen sind vor dem Gesetz gleich.« Es geht um Chancengleichheit und dass der Staat dazu verpflichtet ist, diese auch zu gewähren.

Und der Artikel geht noch weiter: »Männer und Frauen sind gleichberechtigt. Der Staat fördert die tatsächliche Durchsetzung der Gleichberechtigung von Frauen und Männern und wirkt auf die Beseitigung bestehender Nachteile hin.« Hier haben wir leider noch immer Nachholbedarf, auch wenn schon viel erreicht ist. Aber wenn in Deutschland Frauen noch immer für die gleiche Arbeit weniger Lohn erhalten als ihre männlichen Kollegen, dann wird hier gegen das Grundgesetz verstoßen. Und dann muss das schnellstmöglich abgestellt werden.

Auch wenn es noch Nachbesserungsbedarf gibt – *dass* die Gleichberechtigung zwischen Frau und Mann verwirklicht werden muss, darüber herrscht Konsens. Hierbei handelt es sich um eine der zentralen Voraussetzungen für

das Zusammenleben der Menschen in Deutschland. Wer
also dauerhaft bei uns leben will, muss die Gleichberechtigung von Frau und Mann akzeptieren.

Mir persönlich ist Gleichberechtigung sehr wichtig. Es
kann nicht sein, dass in ländlichen Regionen Kitas immer
noch Mittags schließen. Frauen müssen auch als Mütter
die Möglichkeit haben, sich eine eigene berufliche Existenz
aufbauen zu können. Tatsache ist allerdings auch, dass viele
Familien heute auf das Gehalt beider Elternteile angewiesen
sind. Wenn ein Kind nur bei der Mutter oder dem Vater aufwächst, sieht die ökonomische Situation bei vielen heute
noch schwieriger aus. Das bedeutet, dass wir Alleinerziehende noch viel mehr unterstützen müssen. Es kann nicht
sein, dass in Deutschland das Aufziehen von Kindern ein
Armutsrisiko darstellt. Seit Jahren setze ich mich daher für
die kostenfreie Bildung ein – von der Kita bis zur Uni. Dafür
habe ich einen Grund: Nichts lässt uns leichter mit diesem
Staat, mit unserer Gesellschaft identifizieren, als wenn wir
von früh auf Teil dieser sind. Und nirgends ließe sich das
einfacher begreifen, als wenn die Kinder von klein auf sich
in Krabbelgruppen und Kindergärten bewegen. Damit
werden zwei drängende Probleme gleichzeitig angegangen:
die Gleichberechtigung der Frau und die demokratische
Vorsorge für unsere Zukunft. Denn wir identifizieren uns
nur mit einer Gesellschaft, wenn wir uns von früh an als
Teil dieser Gesellschaft empfinden. Kinder erfahren dies
ganz spielerisch in Kindergärten und in der Schule.

Zu unserer Leitkultur gehört auch zwingend, was Artikel 3 weiter formuliert: »Niemand darf wegen seines Geschlechtes, seiner Abstammung, seiner Rasse, seiner Sprache, seiner Heimat und Herkunft, seines Glaubens, seiner religiösen oder politischen Anschauungen benachteiligt oder bevorzugt werden. Niemand darf wegen seiner Behinderung benachteiligt werden.«

Es gab in der ersten Hälfte des 20. Jahrhunderts wahrlich nicht viel, worauf die Deutschen stolz sein konnten. Das 1949 erlassene Grundgesetz markiert auch in dieser Hinsicht den entscheidenden Wendepunkt. Denn auf diese Verfassung kann jeder und jede Deutsche zu Recht stolz sein. Ich verstehe daher gut, dass Jürgen Habermas den Begriff »Verfassungspatriotismus« einführen wollte und bedaure, dass er damit nicht mehr Anhänger finden konnte.

* * *

Es ist nicht nur das Grundgesetz, das unsere Gesellschaft maßgeblich bestimmt. Daneben gibt es auch internationale Gesetzestexte, die ähnlich bedeutsam sind und ebenfalls als Grundbestandteil einer deutschen Leitkultur angesehen werden müssen. Ich meine vor allem die UN-Menschenrechtscharta, die bereits 1948 veröffentlicht wurde und sicher eine gewisse Vorreiterrolle für unsere Verfassung gespielt hat. Die acht Autorinnen und Autoren um Eleanor Roosevelt, der Ehefrau des einstigen US-Präsidenten, legten seinerzeit einen wirklich universellen und international ausgerichteten Text vor. Er ist in jeder Hinsicht sehr fortschrittlich und geht in einigen Fragen viel weiter als das deutsche Grundgesetz. So heißt es etwa in Artikel 23: »Jeder hat das Recht auf Arbeit, auf freie Berufswahl, auf gerechte und befriedigende Arbeitsbedingungen sowie auf Schutz vor Arbeitslosigkeit.«

Das ist für mich eine ganz wichtige Aussage. Denn Arbeit ist nicht nur Broterwerb, sondern zugleich von entscheidender Bedeutung für das Selbstwertgefühl der Menschen, für die Verortung in der Gesellschaft. Diese Aussage fehlt mir leider im Grundgesetz.

Auch die folgenden zwei Abschnitte sollten zu unserer *neuen deutschen Leitkultur* gehören: »Jeder, ohne Unterschied, hat das Recht auf gleichen Lohn für gleiche Arbeit.« Und: »Jeder, der arbeitet, hat das Recht auf gerechte und befriedigende Entlohnung, die ihm und seiner Familie eine der menschlichen Würde entsprechende Existenz sichert, gegebenenfalls ergänzt durch andere soziale Schutzmaßnahmen.«

Ich selbst habe erleben müssen, wie ungerecht und demütigend es ist, wenn zwei Personen für die gleiche Arbeit unterschiedlichen Lohn bekommen. Es war einige Jahre vor dem Abitur, ich hatte einen Job angenommen, um mein eigenes Geld zu verdienen und meinen Eltern nicht länger auf der Tasche liegen zu müssen. Zeitgleich mit mir begann in dem Laden auch ein Freund von mir, Björn. Wir brachten beide die gleichen Voraussetzungen mit, begannen zum gleichen Zeitpunkt und sollten auch die gleichen Tätigkeiten verrichten. Nur dass Björn 7,68 DM die Stunde bekam und ich 7,17 DM. Später habe ich erfahren, dass es ein ungeschriebenes Gesetz in dem Unternehmen gab – Personen mit Migrationshintergrund wurden grundsätzlich schlechter bezahlt. So etwas ist diskriminierend, und es widerspricht all unseren Werten. Wenn sich heute Frauen darüber beklagen, dass sie für die gleiche Arbeit nicht den gleichen Lohn bekommen, dann kann ich ihren Ärger nur zu gut nachvollziehen.

Zum Glück haben wir begonnen, diese Ungerechtigkeit in Deutschland zu bekämpfen. Der Mindestlohn ist dabei ein erster wichtiger Schritt in die richtige Richtung. Aber ihm müssen weitere folgen. Unser Lohnscheck ist leider noch immer ein Gradmesser dafür, wie gerecht unsere Gesellschaft tatsächlich ist. Hier liegt viel Arbeit vor uns. Beginnen wir damit schon einmal in unserem Leitkulturkonzept. In unsere *neue deutsche Leitkultur* würde ich also die Absätze zur Arbeit und zu gerechtem Lohn aus der UN-Menschenrechtscharta aufnehmen.

* * *

Aber es braucht noch mehr. Eine Sache fand ich immer schon befremdlich in unserem Grundgesetz. Da werden in Artikel 20a die Tiere unter staatlichen Schutz gestellt, aber nirgends wird den Kindern Schutz garantiert. Auch das muss dringend geändert werden. Ein Kinderrecht auf Schutz vor Gewalt, Vernachlässigung und Ausbeutung gehört in unser Grundgesetz. Allerdings reicht es nicht, den Kindern nur mehr Rechte zu gewähren. Wir müssen generell die Rolle des Kindes definieren. Mir schwebt vor, dass wir Kinder noch viel mehr als bisher teilhaben lassen an unserem öffentlichen Leben. Ich denke etwa an Museen, Theater, Konzerthäuser. Wenn wir Hunderte von Millionen Euro Steuergelder in diese Einrichtungen stecken, dann sollten sie auch alle Menschen in Deutschland besuchen können. Der Besuch eines Museums darf keine Frage des Geldbeutels sein. Wie viele Euro jemand in der Tasche hat darf nicht über die Frage entscheiden, ob jemand am kulturellen Leben teilhaben kann. Denn wer nicht teilhaben kann, der wird ausgegrenzt, und das ist nicht zu tolerieren. Daher braucht es in Deutschland ein Umdenken: Museen, staatliche Galerien oder Ausstellungen sollten für Kinder generell kostenlos sein. Hier findet Bildung statt, und zwar sehr konkret.

* * *

Kinderrecht auf Schutz vor Gewalt wird bei manchen Neubürgern ein Umdenken erfordern. In weiten Teilen der Welt gehören körperliche Züchtigungen nach wie vor ganz selbstverständlich zur Kindererziehung dazu. In Deutschland sah es bis vor kurzem nicht anders aus. Die Prügelstrafe mit dem Rohrstock war in Schulen noch bis in die sechziger Jahre des 20. Jahrhunderts gang und gäbe und in den Familien noch bis weit in die achtziger Jahre. Mittlerweile ist der Rohrstock und jede Form von körperlicher Gewalt zum Glück gesellschaftlich geächtet. Dass Kinder in Deutschland damit nicht mehr Opfer von häuslicher Gewalt werden, kann man leider nicht behaupten.

* * *

Last not least gehört die ökologische Dimension in die Leitkultur. Auch hier reicht mir das Grundgesetz nicht aus. Zum Glück gibt es aber die Charta der Grundrechte der Europäischen Union. Dort, im Artikel 37, sind ein »hohes Umweltschutzniveau« und »die Verbesserung der Umweltqualität« als Ziele festgeschrieben. Und da EU-Recht gleichermaßen wirksam ist wie deutsches Recht, gehört für mich dieser Teil ganz selbstverständlich zu unserer neuen deutschen Leitkultur. Danke, Brüssel!

* * *

Ganz zentral für die Leitkultur eines Landes ist natürlich *die Sprache* (3). Die Möglichkeiten, die eine spezifische Sprache bereithält, sagt viel über das Land aus, in der sie gesprochen wird. Kennt eine Sprache etwa zig verschiedene Varianten des Begriffs »Schnee«, dann liegt der Verdacht nahe, dass sie in einem schneereichen Land gesprochen wird, zum Beispiel in Island oder Grönland, wo es jeweils eigene Wörter gibt für »fallenden Schnee«, »driftenden Schnee«, »Schneefall mit dicken Flocken« usw. Besitzt eine Sprache auffällig viele Versionen des Begriffs »grün«, dann wird sie womöglich im Amazonas-Raum gesprochen oder in einem anderen Gebiet mit Regenwäldern. Das bedeutet aber natürlich, dass die Sprache unser Denken und Fühlen entscheidend bestimmt und lenkt. Wie aber ist nun die deutsche Sprache beschaffen? Was zeichnet sie aus? Natürlich ist sie wie jede Sprache einem steten Wandel unterworfen. Mit Worten wie »geil«, »krass«, »ultra« hätten unsere Vorfahren kaum etwas anfangen können, genauso wie mit »App«, »Toaster«, »Flatscreen« oder »Tamagotchi«. Unsere Sprache hat heute nicht mehr sehr viel mit Luther, Goethe und Schiller oder Wilhelm Busch zu tun. Wahrscheinlich würden wir die drei, säßen sie heute in einer Talkshow, ähnlich schlecht verstehen wie den notorisch nuschelnden Til Schweiger.

Ein Beispiel gefällig? Nehmen wir Schillers *Räuber*. An einer Stelle sagt ein Mitglied der Räuberbande, Moritz Spiegelberg: »Lies den Josephus, ich bitte dich darum.« Josephus? Mit dem Namen kann heute kein Mensch mehr etwas anfangen. Damals war der Begriff allerdings ähnlich geläufig wie wenn heute jemand sagen würde: »Schau in den Duden!« Flavius Josephus war ein jüdischer Philosoph und Historiker im Alten Rom, der vor allem durch seine Schilderungen der jüdischen Kriege und geschichtlichen Texten über den Ursprung des Judentums bekannt wurde. Daneben galt er aber auch als jemand, der die Gesellschaft verändern wollte. So hat es wohl Schiller gemeint, wenn er auffordert, den Josephus zu lesen. Nur verstehen wir das heute nicht mehr so ohne weiteres.

Es wäre schlimm, wenn sich Sprache nicht verändern

würde. Es zeigt an, dass sich unser Leben verändert. Wie könnten wir ohne sprachliche Veränderungen all die neuen Vorgänge, Geräte oder Ideen beschreiben, die unsere Welt ausmachen? Aber auch durch immer neue Einflüsse oder auch Zuwanderung wird unsere Gesellschaft geformt, unser Verhalten und unsere Wahrnehmung. Nehmen wir die neue deutsche Literatur: Heute prägen Autoren wie Hatice Akyün oder Feridun Zaimoglu unsere Sprache. Sie treiben sie weiter, erfinden neue Worte oder nutzen alte Worte neu. Der Titel eines der bekanntesten Bücher von Zaimoglu deutet es an: »Kanak-Sprak«. Inzwischen beschäftigen sich Wissenschaftler mit diesem Sprachphänomen. Abwertend wird diese Sprachvariante auch als Türkendeutsch, Gettosprache oder Türkenslang bezeichnet. In der Wissenschaft wird der Terminus Ethnolekt dafür verwendet. Diese Bezeichnung zielt darauf ab, die neue Sprachform als Abgrenzung und gleichzeitig Neuerfindung neben den traditionellen Soziolekten oder Slang zu verorten. Man kann zur Kanak-Sprak stehen wie man will, auf jeden Fall gibt sie unserer sprachlichen Ausdrucksweise neue Möglichkeiten. Und viele Kinder in den Großstädten unserer Republik nutzen diese längst völlig selbstverständlich. Für mich ist diese Sprachentwicklung eine begrüßenswerte Entwicklung, sie hält unsere Sprache am Leben und schafft neue Spielräume. In gewisser Weise bekommt unser Deutsch damit eine Frischzellenkur verabreicht. Auch Sprache ist auf Kreativität und neue Einflüsse angewiesen. Wie alles im Leben.

Zu der Etablierung dieses Ethnolekts haben Autoren wie Feridun Zaimoglu ganz entschieden beigetragen. Ihre wichtigste Leistung dabei ist, dass Ethnolekt sprechende Deutsche eine Aufwertung erfahren haben, dass sie Selbstbewusstsein bekommen haben. Denn warum sollte jemand, der etwa in Hamburg-Billstedt oder Duisburg-Marxloh aufgewachsen ist und den dort gebräuchlichen Slang spricht, dies nicht mit der gleichen Selbstverständlichkeit tun, wie ein Bayer oder ein Sachse, der seinen heimatlichen Dialekt verwendet? Was Grammatik und Wortschatz anbelangt, sind beide Sprachvarianten auf jeden Fall ähnlich weit vom Hochdeutschen entfernt.

Interessant ist, wie die Literaturkritik auf dieses Phänomen reagiert. Egal, ob es sich dabei um eine Jugendsprache wie in *Faserland* von Christian Kracht, Helene Hegemanns *Axolotl Roadkill* und *Tschick* von Wolfgang Herrndorf handelt, oder aber eben um migrantisch geprägte Sprachvarianten wie sie in den Büchern von Lena Gorelik, Dilek Güngor, Hatice Akyün, Wladimir Kaminer oder Rafik Schami durchschimmern, deren Bücher oft so vielsagende Titel tragen wie *Sie können aber gut Deutsch!*, *Das Geheimnis meiner türkischen Großmutter*, *Einmal Hans mit scharfer Soße*, *Russendisko* oder *Eine deutsche Leidenschaft namens Nudelsalat*. Von der Kritik wird die neue Form von Sprachgebrauch zumeist als Bereicherung gesehen, nicht als Verfall der Sprache. Und Verfall würde in diesem Zusammenhang auch den Verlust einer deutschen wie auch immer gearteten Identität bedeuten. Auffällig ist, dass eher an Anglizismen in unserer Sprache Kritik geübt wird. Wenn jemand also etwas »upgraden« will, seinen Drink »supersizen« oder das Foto eines Freundes in den sozialen Netzwerken »liken« will, dann empören sich schnell selbsternannte Sprachpolizisten. Diese Kritik richtet sich jedoch in erster Linie auf unsere Alltagssprache und nicht auf die literarische Sprache der genannten Autoren. Es geht eben immer um den bewussten Umgang mit Sprache.

Schriftsteller mit ausländischen Wurzeln erfüllen in Deutschland eine Art »Brückenfunktion«. Das meint etwa der deutsch-bulgarische Romanautor Ilija Trojanow. Insgesamt würden sie die deutsche Literatur weltgewandter machen. Sie beeinflussten damit die Sprache ähnlich, wie einst die deutsch-jüdischen Schriftsteller in Deutschland. »Es gab selten große Geister, die völlig im eigenen Saft schmorten«, so Trojanow in der *Berliner Literaturkritik* im November 2009.

Was wir für unsere *neue deutsche Leitkultur* brauchen ist ein modernes, weltoffenes und kreatives Deutsch. Ich würde aber noch einen Schritt weitergehen. Schon heute haben in Deutschland fast ein Drittel der Menschen einen sogenannten Migrationshintergrund. Das heißt, dass in ihrer Familie mindestens eine zweite Sprache eine wichtige Rolle spielt (wenn sie denn keine Österreicher sind). Unsere *neue deutsche Leitkultur* muss Mehrsprachigkeit als eine Bereicherung unserer Gesellschaft begreifen. Denn gerade das Beherrschen mehrerer Sprachen – natürlich neben dem Deutschen – ist eine enorme Stärke. Durch die mi-

grantischen Einflüsse ist unser Deutsch heute, im 21. Jahrhundert kosmopolitischer und geschmeidiger geworden
und wird auch international ganz anders wahrgenommen.
Was vor allem eines zeigt: Die deutsche Sprache ist äußerst
flexibel was Wortschatz, Ausdrucksformen, Klangbilder
anbelangt. Unserer Kreativität sind keine Grenzen gesetzt,
und in unserem Land schlummert ein enormer Sprach-
schatz, der längst noch nicht gehoben worden ist.

* * *

Was sind die *prägenden kulturellen Errungenschaften unseres
Landes* (4), die wir unbedingt in unsere Leitkultur aufnehmen müssen? Es geht hier also um die Musik, Malerei,
Dichtkunst, generell die darstellenden, bildenden und re-
produzierenden Künste. Erweitern würde ich diese Liste
um modernere Kunstformen bis hin zum Sport. Hier folgt
also meine ganz persönliche Auswahl: Unser Land ist vor
allem berühmt für seine klassischen Komponisten. Allen
voran ist hier Johann Sebastian Bach zu nennen, der wie
kein Zweiter nach ihm Einfluss auf die gesamte internationale Musikgeschichte genommen hat. Bach, den Albert
Schweitzer einst den »fünften Evangelisten« genannt hat,
hat nicht zuletzt die Welt Luthers, die uns in der Bibel ent-
gegentritt, in eine unvergleichliche Tonsprache übersetzt.
Seine Kantaten werden heute auf höchstem Niveau von
Spitzenensembles selbst im fernen Japan aufgeführt. Auch
Bachs Zeitgenosse, der Hallenser Georg Friedrich Händel

gehört auf meine Liste. Er war bereits zu Lebzeiten ein internationaler Star – was Bach erst nach seinem Ableben beschieden war – und hat vor allem in London gewirkt. Der Bonner Ludwig van Beethoven muss natürlich dazuzählen. Wie kein anderer wird er heute als *der* typische deutsche Komponist angesehen. Eine eigene »deutsche« Note fügte auch Johannes Brahms der Musikgeschichte zu mit seinem Deutschen Requiem oder Richard Wagner, der die deutschsprachige Oper auf ungeahnte Höhen führte. (Auch wenn Wagner bis heute völlig zu Recht äußerst umstritten ist – sein Antisemitismus und seine Deutschtümelei sind für mich unerträglich –, die von ihm komponierte Musik hat Generationen von Komponisten geprägt.) Ähnlich »deutsch« sind sicher auch die Werke von Komponisten wie Felix Mendelssohn Bartholdy oder Carl Maria von Weber, die für die deutsche Frühromantik stehen.

Doch würde ich das Feld der Musik nicht auf klassische Werke beschränken wollen. Wir Deutschen machen ja als eines der wenigen Völker auf der Welt einen feinen Unterschied zwischen »E« und »U«, also ernster Musik und Unterhaltungsmusik. Mir ist das etwas zu verkopft. Selbstverständlich rechne ich daher zu unserem kulturellen Erbe auch Musiker wie Nena, Udo Jürgens, Kraftwerk oder Rammstein. Die Techno-Bewegung müssen wir sicher auch dazuzählen. Immerhin hat sie Künstler weltweit beeinflusst und bei uns in Berlin mit der Loveparade Millionen Menschen friedlich zusammen auf die Straße gebracht. Das ist eine tolle Leistung.

Musik prägt die Kultur eines Volkes in ganz erheblichem Maße. Und sehr unterschiedliche Musik. Ich gestehe: Ich bin Fan des deutschen Schlagers. Und ich singe gern. Am liebsten Heintje – »Mama«. (Meine Mutter kann ein Lied davon singen.)

Das Singen ist in Deutschland Kulturgut. Es gibt unzählige Chöre landesweit – kirchliche, weltliche, klassische, volkstümliche, poppige, jazzige. Wir hatten sogar mal einen Bundespräsidenten, der sich nicht zu schade war, öffentlich zu singen. Damals noch als deutscher Außenminister intonierte Walter Scheel »Hoch auf dem gelben Wagen« vor einem Millionenpublikum im Fernsehen. Er sang für einen guten Zweck, zugunsten wohltätiger Einrichtungen. Aber er legte damit auch ein Bekenntnis für das deutsche Liedgut ab. Das gefällt mir. Ich finde, Politiker sollten ruhig öfter einmal singen. Das befreit und ist gesund. Mit meinen Kindern singen wir oft deutsche Lieder. Einer ihrer Favoriten ist »Zu spät« von den Ärzten. Besonders lustig finden sie immer die Zeile: »Ich wollte ihn verprügeln, deinen Supermann, ich wusste nicht, dass er auch Karate kann!« Es macht ihnen Spaß, solche frechen Texte zu singen. Gleichzeitig schult es den Sinn für Sprache, für Kultur. Genauso wie bei Tom Astor. Seine Texte kennen meine beiden Söhne inzwischen längst auswendig. Das Lied vom »Jungen Adler« trällern wir immer voller Inbrunst mit. Dann ertönt es bei uns in der Wohnung dreistimmig: »Wenn man dir die Zähne zeigt, sei auch mal zum Kampf bereit. Nimm nicht alles hin.«

Unser absoluter Lieblingsliedermacher kommt aus Berlin und steht eher für die leiseren Töne. Meine ganze Familie ist begeistert von Reinhard Mey. Eines unserer Lieblingslieder ist »Gute Nacht, Freunde«. Auch dabei haben wir ein kleines Spiel entwickelt. Es gibt dort die Liedzeile: »Was ich noch zu sagen hätte, dauert eine Zigarette und ein letztes Glas im Steh'n.« Das geht so natürlich nicht. Zigaretten sind schließlich bäh. Meine Jungs und ich überlegen uns dann immer Alternativen, wie wir die Zigarette umgehen können. Wir werden dann richtig kreativ. So nach dem Motto: »Was ich noch zu sagen hätte, erzähl ich euch im Bette mit 'nem Glas heißer Milch.« Die Kinder freuen sich dann immer über unsere neuen Textideen und gleichzeitig lernen sie so deutsches Brauchtum. Ganz spielerisch.

Überhaupt die deutsche Liedermacher-Szene. Diese Musiker haben unsere Kultur ganz entscheidend geprägt. Wolf Biermann. Mit seinen Texten über die DDR oder später auch über die BRD. Er hat uns allen den Spiegel vorgehalten und uns zum Nachdenken gebracht. Aber auch andere linke Barden. Mein persönlicher Favorit ist Hannes Wader. Wahrscheinlich wegen seiner unprätentiös vorgetragenen linken Überzeugungen. Mir gefällt, wie er unaufgeregt seine Vorstellung von Menschlichkeit vertritt und sehr poetisch rüberbringt. Wader zeigt für mich beispielhaft, was unser deutsches Liedgut ausmacht: Wir transportieren darin Gefühle. Gefühle wie Empathie. Wenn Wader die »Moorsoldaten« singt oder »Bella Ciao« bekomme ich regelmäßig eine Gänsehaut. Nicht anders ergeht es mir bei seinen eigenen Kompositionen wie »Heute hier, morgen dort« – meinem Lieblingslied von ihm. Dieses Lebensgefühl, im Jetzt zu leben, irgendwie den Augenblick zu meistern und auch einmal zu träumen, das spricht mich an. Gerade als Politiker ist man ja immer auf Achse, trifft unzählige Menschen, hört viele faszinierende Geschichten, teilt Schicksale und muss immer weiter. Das Lied von Hannes Wader, es beschreibt irgendwie auch unsere deutsche Geschichte: »Es ist mir längst klar, dass nichts bleibt wie es war.«

Ich bin auch ein großer Fan von Paul Lincke (1866–1946). Nach Lincke, der unter anderem geholfen hat, der deutschen Operette zu Ansehen zu verhelfen, haben wir in Berlin ein Ufer benannt. Bekannt ist er für Schlager wie »Berliner Luft« oder »Lasst den Kopf nicht hängen«. Diese Leichtigkeit gefällt mir und dieser geradezu kindliche Optimismus auch.

Peter Maffay und Roland Kaiser begleiten mich schon sehr lange. Bislang vor allem auf CD. Aber kürzlich habe ich die beiden Sänger leibhaftig erleben dürfen. Bei der Bundesversammlung im deutschen Parlament. Gerade war Frank Walter Steinmeier zum neuen Bundespräsidenten gewählt worden. Da konnte ich es mir natürlich nicht verkneifen, mit den Stars ein Selfie zu machen. Beide gehören für mich zu Deutschland – wie Bach und Beethoven.

Natürlich zählt zu unserer *neuen deutschen Leitkultur* auch die Nationalhymne. Und hinter der brauchen wir uns nun wirklich nicht zu verstecken. Nur wenige Länder haben eine in musikalischer Hinsicht so überzeugende Hymne. In seinem dritten Streichquartett verwendete Joseph Haydn im zweiten Satz eine Melodie, die er zuvor als »Kaiserhymne« für den österreichischen Regenten Franz II. komponiert hatte. Später haben die Deutschen diese Melodie ihren alpenländischen Nachbarn quasi stibitzt. Aber das tut der Sache ja keinen Abbruch. Es ist und bleibt eine wunderschöne Hymne.

* * *

Deutschland gilt zu Recht als Volk der Dichter und Denker. Zu unseren großen Schriftstellern zählen natürlich Johann Wolfgang von Goethe, Friedrich Schiller, Heinrich Heine, Thomas Mann, Günter Grass, Heinrich Böll. Und unzählige andere, die ich hier nicht aufführen muss, von Grimmelshausen über Theodor Storm bis Michael Ende.

Daneben gibt es die große Tradition der Denker – der Philosophen. Auch hier nur einige wenige Namen: Immanuel Kant, Georg Wilhelm Friedrich Hegel, Arthur Schopenhauer, Friedrich Nietzsche, Theodor W. Adorno, Peter Sloterdijk. Die Liste könnte ellenlang weitergeführt werden, was zeigt, welch wichtige Rolle die Philosophie für unsere Kultur bis heute spielt.

Zwei Autoren müssen noch gesondert erwähnt werden – die Brüder Grimm. Mit ihren Bemühungen um die deutsche Sprache haben sie ähnlich Wichtiges geleistet wie zuvor nur Luther mit seiner Bibelübersetzung. Es war zu Beginn des 19. Jahrhunderts Mode unter Dichtern und Gelehrten, Volksmärchen zu sammeln. Man besann sich auf das eigene kulturelle Erbe und träumte sich dabei gern in eine mythisch verklärte Vergangenheit zurück. Nicht so Jacob und Wilhelm Grimm. Sie betrieben ihre Forschung mit wissenschaftlicher Akribie. Sie sammelten auch nicht nur Märchen und Sagen, sondern riefen außerdem eines der größten Sprachforschungsprojekte der deutschen Geschichte ins Leben: das *Deutsche Wörterbuch*, dessen erster Band 1854 erschien und der letzte erst 1961. Heute ist das »DWB« mit seinen 32 Bänden das umfangreichste Wörterbuch der deutschen Sprache mit Belegstellen seit dem 16. Jahrhundert.

Aber in der Bevölkerung sind die Brüder Grimm vor allem bekannt für ihre *Kinder- und Hausmärchen*. Welches Kind kennt nicht die Geschichte von Hänsel und Gretel, vom Rotkäppchen oder Schneewittchen? Wer hat nicht vor langer, langer Zeit mit Aschenputtel mitgefiebert und sich gefreut, als das Mädchen endlich ihre grausame Stiefmutter und Stiefschwestern los war und den Prinzen heiraten durfte? Das Werk der Brüder Grimm ist tief im kulturellen Gedächtnis unseres Landes verankert.

Ein weiteres Buch möchte ich noch explizit erwähnen, das für mich unbedingt zur deutschen Leitkultur gehört: *Das Tagebuch der Anne Frank*. Zum ersten Mal mit dem Text in Berührung kam ich in der Schule. Die Lektüre stand auf dem Lehrplan. Als Teenager war ich zunächst nicht gerade begeistert davon, dass wir das Buch lesen mussten. Das änderte sich schlagartig nach wenigen Seiten Lektüre. Das Buch hat mich geprägt. Eine Überlegung von Anne wende ich oft in meinem Kopf hin und her, bis heute. »Ehrlich gesagt, kann ich mir nicht vorstellen, wie jemand sagen kann ›ich bin schwach‹ und dann noch schwach bleibt«, schrieb Anne Frank in ihre rot-weiß karierte Kladde. »Wenn man so etwas doch schon weiß, warum wird dann nicht dagegen angegangen, warum deinen Charakter nicht trainieren? Die Antwort war: weil es so viel bequemer ist!« Für mich ist das ein ungeheuerlich eindringlicher Appell einer Dreizehnjährigen. Er stellt für mich das Vermächtnis des dem Tode geweihten Mädchens dar. Wenn ich einen Vortrag vor Klassen halte, dann erwähne ich oft das Tagebuch. Für mich ist es einer der beeindruckendsten Texte, die ich kenne. Dieses Zeugnis eines dreizehnjährigen Mädchens, das in Todesangst lebte und schließlich umgebracht wurde, das uns bis heute durch sein literarisches Vermächtnis Mut machen kann, gehört für mich zum Wertvollsten in der deutschen Literatur. Gerade in Brennpunkt-Schulen, das weiß ich aus eigener Erfahrung, beeindruckt die Geschichte von Anne Frank. Sie hat eine eindeutige Botschaft: dass wir nämlich nie mehr wieder so schwach werden dürfen, einzelne Personen allein zu lassen, sie auszugrenzen. Ich fühle mich Anne Frank gegenüber verantwortlich. Es ist meine Verantwortung in meinem Tun, in der Politik, immer darauf hinzuarbeiten, dass so etwas nie wieder in unserem Land passieren kann. Wir dürfen niemals wieder bequem sein, wenn es darum geht, Menschen zu verteidigen!

* * *

In der Malerei ist der Kanon bedeutender Künstler nicht weniger umfangreich als in Musik und Dichtung. Um nur einige Namen zu nennen: Lucas Cranach, Vater und Sohn, Albrecht Dürer, Carl Spitzweg, Paula Modersohn-Becker, der gebürtige Berliner George Grosz, Joseph Beuys, Gerhard Richter, Neo Rauch. Persönlich haben mich die traurigen Werke von Felix Nussbaum immer sehr berührt, der seine Erfahrungen mit den Nazis auf sehr bewegende Weise malerisch verarbeitet hat. Meinen Kindern lese ich gerne die Bildergeschichten von Wilhelm Busch vor. »Max und Moritz«, »Witwe Bolte«, »Die fromme Helene« – natürlich gehört das alles zu unserem kulturellen Erbe. Besonders beliebt ist bei meinen beiden Söhnen »Max und Moritz«. Meine Kinder sind Zwillinge, vielleicht fühlen sie sich den beiden Lausbuben deshalb besonders nahe.

Zurück zur Malerei im engeren Sinne. Für mich gehört auch der Maler Yadegar Asisi dazu. Asisi ist als Sohn persischer Flüchtlinge in Wien geboren und wuchs in Halle an der Saale und Leipzig auf. Asisi malt riesige 360-Grad-Panoramen, die weltweit zu den größten ihrer Art zählen. Und mit diesen riesigen begehbaren Bildern bringt er uns unsere Geschichte näher: Martin Luther, die Völkerschlacht von Leipzig 1813, Dresden nach dem Bombenangriff, das geteilte Berlin und so weiter.

* * *

Von großer Bedeutung sind für die Kunst und Kultur hierzulande natürlich Theater und Film. Kaum ein Land hat eine größere Dichte von Schauspielhäusern und Bühnen. Deutsche Theater- und Filmemacher von internationalem Rang waren und sind Bertolt Brecht, Rainer Werner Fassbinder, Christoph Schlingensief, Shermin Langhoff. Das deutsche Tanztheater gehört hierher: denn Künstler wie Pina Bausch, Thomas Ostermeier bis Sasha Waltz prägen heute gerade im Ausland das Bild Deutschlands in erheblichem Maße.

Bleibt noch der Film, der in Deutschland quasi miterfunden wurde. Dafür stehen die Filmstudios Babelsberg genauso wie die Bavaria-Filmstudios in München oder weltbekannte deutsche Regisseure, Schauspieler oder Kameraleute in Hollywood. Generell das Geschichtenerzählen – egal ob auf der Leinwand, im Buch oder durch echte Stimmen und Personen – muss zu unserer Leitkultur gezählt werden.

Ich würde aber bei der Definition dessen, was Kultur ist, noch weiter gehen. Ich würde auch unseren Nationalsport dazuzählen – Fußball. Viermal Weltmeister, dreimal Europameister. Das ist eine beachtliche Leistung. Experten haben immer wieder versucht, anhand der Spielweise und der Zusammensetzung der Nationalmannschaft Aussagen über den »Volkscharakter« der Deutschen zu treffen. Auch wenn ich dieses Unterfangen für wenig sinnvoll halte, oberflächlich betrachtet mag da was dran sein. Der Drang, wieder aufzubauen, wieder aufzuerstehen aus den

Ruinen, setzte 1954 ungeheure Kräfte frei. Dann 1974 die
kreative Neuerfindung der Nation im Windschatten der
68er-Bewegung. Sechzehn Jahre später, im Frühsommer
1990, gewinnt ein emotional gelöstes, fast wiederver-
einigtes Deutschland, das zu Hause frenetisch auch von
16 Millionen Ostdeutschen unterstützt wird. Und 2014
holt schließlich eine ziemlich bunte, höchst kreative Truppe den Titel – mit Wurzeln in Ghana, Polen, der Türkei
oder Tunesien –, die wahrlich vorbildlich für das Einwanderungsland Deutschland steht. Ohne übertriebenes Pa-
thos kann man also sagen, dass unsere Fußball-National-
mannschaft auch ein wenig unsere Geisteshaltung, unsere
Identität als Gesellschaft abbildet. Ich erinnere mich noch
immer voller Bewunderung an die artistische Rettungs-
aktion des Berliner Jungen Boateng aus dem EM-Spiel
gegen die Ukraine 2016. Daher ganz eindeutig – auch der
deutsche Fußball gehört zur neuen deutschen Leitkultur.

* * *

Kommen wir zu unseren Vorstellungen von *sozialer Gerechtigkeit und Solidarität* (5). Über die Jahrhunderte ist in
Deutschland ein einzigartiges Sozialsystem entstanden.
»Es ist vor allem das späte Erbe Martin Luthers und der
anderen Reformatoren, das sich im modernen Sozialstaat
artikuliert«, stellte etwa die Theologin Margot Käßmann
in einem Vortrag 2014 in Kulmbach fest. Laut Käßmann
geht damit einer der ganz zentralen Gedanken unseres

modernen Politikverständnisses auf den deutschen Reformator zurück, dass nämlich die (weltliche) Obrigkeit eine soziale Verantwortung trage. Umgesetzt wurde diese damals revolutionäre Idee, indem in Luthers Heimatstadt Wittenberg ein sogenannter »gemeiner Kasten« eingerichtet wurde. Dahinter verbarg sich nicht etwa ein einfacher Kasten, sondern eine mit mehreren schweren Eisenschlössern gesicherte Schatztruhe, in der sämtliche finanziellen Einnahmen der Kirche gesammelt wurden, um sie dann später in einer Art demokratischem Verfahren zu verteilen. Ganz zentral dabei: Aus dem Kirchenschatz wurde fortan auch die Armen- und Krankenpflege finanziert, was zu einer Neuordnung des Sozialwesens geführt hatte. Martin Luthers Grundverständnis, dass Staat und Gemeinschaft eine Verantwortung für die Schwachen tragen, hat demnach die Basis dafür gelegt, dass bis heute die Menschen hierzulande gegen wirtschaftliche und soziale Unwägbarkeiten des Lebens abgesichert sind oder es sein sollten. Lackmustest für unseren Sozialstaat war zuletzt die Wirtschafts- und Finanzkrise der Jahre 2008 und 2009. »Die Tatsache, dass es trotz gewaltiger wirtschaftlicher Einbrüche kaum zu Entlassungen kam«, so Käßmann, »ist auf die gewachsenen sozialstaatlichen Selbstverständlichkeiten in Deutschland zurückzuführen.« Dass wir in einem Sozialstaat leben, erscheint uns heute als selbstverständlich – es ist aber nicht selbstverständlich. Auch wenn es genug Gründe gibt, an Hartz IV, an überteuerten Mieten, an maßlos hohen Managergehältern Kritik zu üben – Deutschland ist ein Land mit einem hervorragend funktionierenden sozialen Sicherungssystem.

Wer das nicht wahrhaben will, schaue einmal über die nationalen Grenzen. Und da brauchen wir Europa nicht einmal zu verlassen. In Spanien sitzt, wer keine Arbeit mehr hat und keine Familie, die ihn unterstützt, schnell auf der Straße und bettelt. Eine generelle staatliche Stütze kennt man auf der Iberischen Halbinsel nicht. Es gibt eine Art Sozialhilfe, die aber nur sporadisch und extrem restriktiv ausgezahlt wird. Wenn die staatlichen Kassen leer sind, dann wird schon mal auf den Monatsscheck verzichtet. Wer das Glück hat, überhaupt staatliche Zahlungen zu bekommen, kann diese auch nur maximal zwei Jahre erhalten. Danach ist endgültig Schluss. Inzwischen wird bereits mehreren Millionen Spaniern keinerlei Geld mehr ausgezahlt – sie werden in ihrer Not also völlig alleingelassen. Wie desolat die Lage mittlerweile ist, konnte ich während eines Besuchs in Madrid erleben. Unsere Berliner Delegation befand sich dort für einige Tage zu politischen Gesprächen. Am Rande versuchte ich, etwas von der wirtschaftlichen Situation mitzubekommen. Aus dem Fernsehen kannte ich die Bilder von den Massenstreiks, von nur halb fertiggestellten Ruinenstädten, von demonstrierenden Jugendlichen, die gegen die politische Klasse und gegen die Perspektivlosigkeit auf die Straße gehen. In einer Textilwerkstatt, wo Angestellte zu Handwerkern umgelernt werden sollten, deren Aufgabe es war, alte Federmatratzen wieder aufzuarbeiten, lernte ich einige dieser frustrierten Menschen kennen. Es hat mich schockiert zu erfahren, dass die meisten dieser Menschen ihr Vertrauen in die Politik, in die Gesellschaft vollständig verloren haben. Dies ist eine der wichtigsten Aufgaben für uns Politiker, und diese Aufgabe ist eine europäische. Denn vor der Armut und der Verzweiflung flüchten die Spanier nach Deutschland, gerade auch nach Berlin. Viele habe ich in der Hauptstadt bereits kennengelernt. Sie sind fleißig, lernwillig und freundlich. Sie sind eine Bereicherung für die Stadt. Aber irgendwann werden diese motivierten jungen Leute natürlich in ihrem Heimatland fehlen. Hier müssen wir dringend gesamteuropäische Lösungen finden. Denn betroffen sind eine ganze Reihe unserer EU-Partner. Ich kenne eine Ärztin in Griechenland, die auf dem Gipfel der Euro-Krise regelmäßig von ihren Patienten gefragt wurde, ob sie nicht ein Pfund Nudeln oder etwas Reis hätte. Die Menschen hatten einfach nichts zu beißen. Nicht viel besser sieht es auch in unseren östlichen Nachbarländern aus. Und selbst in Frankreich haben junge Erwachsene unter fünfundzwanzig, die noch nicht gearbeitet haben, keinen Anspruch auf Stütze, wenn sie einmal abrutschen. Den »Revenu de solidarité active« (RSA) – eine Art Mindestsicherung – können unter der festgelegten Altersgrenze von fünfundzwanzig Jahren nur Alleinerziehende bekommen oder Personen, die schon länger gearbeitet haben. Aber wer hat das schon in so jungen Jahren? Alle anderen gehen leer aus. In Paris gibt es daher regelrechte Zeltlager, in denen die Menschen hausen, die sich die hohen Mietpreise nicht mehr leisten können. Eine katastrophale Entwicklung! Wie soll denn in einer Gesellschaft die Zuversicht und die Hoffnung in die Zukunft wachsen, wenn die Menschen fürchten müssen, dass sie eines Tages auf der Straße landen?

Daher gehört für mich der Sozialstaat und das Grundverständnis dafür, dass sämtliche Bürgerinnen und Bürger in Deutschland sozial abgesichert sein müssen, unbedingt zu unserer Leitkultur.

Bekanntlich geht die Grundidee der finanziellen Absicherung der Arbeiter gegen Krankheit, Unfall, Invalidität und Alter auf die Vorkämpfer meiner Partei der SPD zurück, auf August Bebel, Wilhelm Liebknecht oder später Rosa Luxemburg. Aber eingeführt hat die ersten Sozialgesetze Otto von Bismarck. Ehre, wem Ehre gebührt, auch wenn er die Reform nicht ganz freiwillig gemacht hat.

Unter seiner Regierung wurde 1883 das System der flächendeckenden Krankenversicherung für die deutsche Bevölkerung eingeführt, als erstes Land in Europa. Großbritannien folgte erst 1911, Frankreich sogar erst 1928. Einige Jahre nachdem die Krankenkassen eingerichtet worden waren, ließ der Eiserne Kanzler auch noch die Unfall- und Rentenversicherung aufbauen. In der Schweiz erfolgte die Etablierung eines staatlichen Rentensystems erst 1946. Dies zeigt, wie fortschrittlich unser Land schon immer in der Sozialpolitik war.

Ein zweiter Konservativer verdient ebenfalls Respekt: der CDU-Politiker Ludwig Erhard. Das Konzept der sozialen Marktwirtschaft, das er propagierte, ist eine konsequente Weiterentwicklung des Projekts von Otto von Bismarck. Aus heutiger Sicht ist die Idee für Konservative und Liberale sicher recht gewöhnungsbedürftig. Erhard hatte damals aber keinerlei Scheu, eine gewisse staatliche Planung und Lenkung der Wirtschaft in Deutschland zu etablieren. Was heute als typisch sozialdemokratisch angesehen wird, nämlich ein starker Staat, der selbstbewusst auch in das Räderwerk der Konzerne und Konglomerate eingreift, war für den Mann mit der dicken Zigarre kein Tabu. Im Gegenteil, auch in der CDU gab es damals Befürworter staatlicher Regulierung. Was sicher auch an der darniederliegenden Wirtschaft und dem großen Einfluss der Alliierten in Deutschland lag. Auf jeden Fall wurde Ludwig Erhard so zum Vater der sozialen Marktwirtschaft. *Wohlstand für Alle* lautete der Titel eines Buches, das Erhard 1957 veröffentlichen sollte. Das war durchaus nicht übertrieben: Schon wenige Jahre nach dem Ende des Krieges herrschte ein relativer Wohlstand in der Bevölkerung. Der Begriff des »Wirtschaftswunders« wurde zum Schlagwort. Erfolgreich war die soziale Marktwirtschaft auch deswegen, weil die Menschen konkrete Bilder damit verbanden: das eigene Auto (oft ein VW-Käfer), ein Fernseher, Campingurlaub in Italien, nach den Hungerjahren plötzlich Wohlstandsbäuche bei den Männern, schicke Kostüme Made in Germany für die Frauen.

* * *

Das »Godesberger Programm«, das Parteiprogramm der SPD von 1959, muss an dieser Stelle genannt werden. Damals verabschiedeten sich die Sozialdemokraten vom revolutionären Anspruch eines Karl Marx und machten ihren Frieden mit der »sozialen Marktwirtschaft« und dem Privateigentum. »Freiheit und Gerechtigkeit bedingen einander«, heißt es in der Schrift. ›Sozialpolitik hat wesentliche Voraussetzungen dafür zu schaffen, dass sich der Einzelne in der Gesellschaft frei entfalten und sein Leben in eigener Verantwortung gestalten kann.«

Der Sozialstaat ist Teil der deutschen Leitkultur, wir dürfen uns das in langen und harten Kämpfen Erreichte nicht madig machen lassen. Und dieses soziale Sicherungssystem muss selbstverständlich alle hier Lebenden schützen. Unser Staat zeigt keine Schwäche, wenn er religiösen Minderheiten, Zugewanderten, Homosexuellen oder Flüchtlingen Unterstützung gewährt. Ganz im Gegenteil. Unser Staat zeigt seine wahre Stärke, wenn er genau dies tut.

Und dies ist der Grund dafür, weshalb viele Menschen aus der ganzen Welt Schutz bei uns suchen. Diesen Ruf müssen wir verteidigen.

Allerdings brauchen Menschen auch Perspektiven. Und wenn wir Menschen bei uns aufnehmen, müssen wir ihnen auch schnell klarmachen, ob sie Aussicht auf permanenten Aufenthalt bei uns haben oder nicht. Alles andere ist menschenverachtend und in meinen Augen mit unserem Grundgesetz nicht zu vereinbaren.

Ein Bekannter von mir lebt seit vierzig Jahren in Saudi-

Arabien. Er ist dort bestens integriert, hat eine Arbeit und ein gutes Einkommen. Inzwischen lebt er von seinen Ersparnissen, die zum Glück ausreichend sind. Denn eine Rente kennt man dort für ausländische Arbeitskräfte nicht. Er liegt dem saudischen Staat also weder auf der Tasche, noch verweigert er sich sonst in irgendeiner Form den dort gültigen Regeln. Und trotzdem muss der Bekannte alle zwei Jahre seinen Aufenthaltsstatus verlängern lassen. Im Gespräch mit dem Mann habe ich aber bemerkt, wie sehr diese Unsicherheit – jederzeit aus dem Land ausgewiesen werden zu können – an ihm nagt. Wir alle suchen Sicherheit. Unabhängig von Herkunft, Hautfarbe, Geschlecht, Religion oder Intellekt. Wir müssen alles daransetzen, Menschen nicht im luftleeren Raum hängen zu lassen. Wer Hilfe sucht, soll sie auch in Zukunft bei uns bekommen. Das Recht auf Asyl ist ein ganz zentraler Teil unserer neuen deutschen Leitkultur.

* * *

Ein Sozialstaat kann nicht funktionieren, wenn nicht genügend Geld in der Kasse ist. Entsprechend wichtig ist unsere Finanzkraft, die Frage danach, welche Bedeutung wir der *Wirtschaft und dem Wirtschaftsleben* (6) beimessen. Gerade in den vergangenen Jahren hat sich gezeigt, wie stabil und erfolgreich unsere ökonomische Struktur in Deutschland ist. Was vor allem daran liegt, dass unsere Wirtschaft zweigleisig fährt. Da gibt es zum einen die großen Konzerne, Firmen wie Siemens, die Allianz, Daimler, BMW, Bayer – die zur Weltspitze gehören und das Image des Landes auf dem Weltmarkt prägen. Nicht immer nur im positiven Sinne: Wenn sich herausstellt, dass der VW-Konzern seine Abgaswerte manipuliert hat, ist das auch für Deutschland ein herber Imageverlust. All die Groß-konzerne stehen im Scheinwerferlicht.

Aber es gibt nicht nur die Global Players, sondern auch noch die sogenannten Hidden Champions – die »heim-lichen Gewinner«. Dabei handelt es sich um kleine und mit-telständische Unternehmen, die in Spartengebieten eben-falls zur Weltspitze gehören. Ich denke da an Unternehmen wie den Hersteller von Badezimmer-Armaturen Hans-grohe aus dem Schwarzwald, die Mikrophonspezialisten des niedersächsischen Unternehmens Sennheiser oder die Norma Group aus Hessen, die weltweit die Öl- und Gas-förderer mit Technik beliefert. Bei uns in Berlin sind es vor allem Betriebe in der Software- oder Gesundheitsbranche. Regional spielen Nordrhein-Westfalen, Bayern und Baden-Württemberg die wichtigste Rolle, wo jeweils etwa 20 Pro-zent der deutschen Mittelständler sitzen. Längst gibt es diese heimlichen Gewinner auch in der ostdeutschen Pro-vinz. Der Glasfaserspezialist Adva Optical Networking aus Meiningen wäre da zu nennen, Jenoptik aus Jena oder die Sektkellerei Rotkäppchen aus dem sachsen-anhaltischen Freyburg.

Zwei Drittel aller Arbeitsplätze befinden sich hierzulan-de in mittelständischen Unternehmen. Dazu kommt eine hervorragende Infrastruktur, mit modernen Autobahnen, Stromnetzen und Wasserstraßen. Im Bereich der neuen Technologien müssen wir sicher noch nachbessern, aber unterm Strich sind wir gut aufgestellt. Die deutsche Wirtschaft ist nicht in einer Hauptstadtregion konzentriert, wie etwa in Frankreich, Schweden oder Portugal. Sie wird nicht durch staatliche Vorgaben gegängelt, wie etwa in Italien. Sie ist auch nicht so einseitig ausgerichtet, wie etwa in Spanien. Außerdem haben sich die deutschen Unternehmen durch solide Arbeit, durch Ehrgeiz, Durchhaltewille und Erfindergeist einen weltweiten Ruf erarbeitet. Auch bei der Anmeldung neuer Patente gehört Deutschland zur Weltspitze. Deswegen sind heute eben nicht nur deutsche Autohersteller und Pharmakonzerne so erfolgreich in der Welt, sondern auch die viel kleineren Spediteure, Saatguthersteller oder die Konstrukteure von Fütterungsanlagen oder Schiffen. Dass die deutsche Wirtschaft in den vergangenen Jahren so boomt, liegt auch an der Europäischen Union – und auch am Euro. Der Euro ist heute die zweitwichtigste Währung auf dem Weltmarkt und damit ein entscheidender Motor für unsere Exportwirtschaft.

Mit einem Bruttoinlandsprodukt von aktuell etwa 3,1 Billionen Euro liegt Deutschland in der EU weit vorn. Auf Platz 2 folgt noch Großbritannien mit jährlich 2,4 Billionen Euro. Der Abstand wird sich sicher weiter vergrößern, wenn das Inselreich erst einmal den Brexit vollzogen hat und dann wohl weiter an Wirtschaftskraft verliert. Für Frankreich sieht das Ergebnis noch niedriger aus. Unser westlicher Nachbar kommt auf ein Bruttoinlandsprodukt, das fast ein Drittel niedriger ausfällt als das deutsche. Ganz zu schweigen von Italien, das etwas mehr als die Hälfte erreicht (1,7 Billionen Euro). Insgesamt macht Deutschland gut 20 Prozent der Wirtschaftskraft von sämtlichen 28 EU-Staaten aus. Mit dem Austritt Großbritanniens aus der EU wird das Verhältnis noch steigen. Auch pro Kopf liegt Deutschland mit etwa 38 000 Euro pro Jahr vor Großbritannien (36 100 Euro), Frankreich (33 400 Euro) oder Italien (27 600). Eine gewisse Gelassenheit bei der Frage des Geldes können wir uns somit erlauben.

* * *

Ich selbst habe seit meiner Jugend in den verschiedensten Unternehmen gearbeitet. Als Teenager habe ich bei einer Fast-Food-Kette gejobbt. Später bin ich selbst mit Freunden unternehmerisch tätig geworden. Das prägt natürlich. Die harte Arbeit im Betrieb hat meine Sichtweise stark beeinflusst. Ich glaube, dass eine Partei vor allem dann stark ist, wenn sie soziale Gerechtigkeit und unternehmerische Vernunft zusammendenkt. Denn das sind keine gegensätzlichen Pole, sondern beides Bedingungen für eine erfolgreiche Gesellschaft. Dass dies viele immer noch als Widerspruch sehen, lässt sich an einer fast schon lustigen Situation beschreiben. Ich war damals vierunddreißig Jahre alt, gerade zum Vorsitzenden der SPD-Fraktion im Berliner Abgeordnetenhaus gewählt worden, und als solcher saß ich nun bereits mehrere Monate lang direkt neben Klaus Wowereit in unseren Fraktionssitzungen. Als mich der Regierende eines Tages schräg von der Seite anschaute und meinte: »Na, was bist du eigentlich von Beruf?« Dann machte er eine kleine Pause und setzte plötzlich ein schelmisches Grinsen auf: »Sozialpädagoge?« Ich war einigermaßen verblüfft. »Ja, ja, Klaus«, sagte ich schließlich. »Sozialpädagoge. Gut geraten!« Er kicherte vor sich hin, und ich dachte mir meinen Teil.

Aus meiner unternehmerischen Tätigkeit habe ich nie eine große Sache gemacht. Daher konnte es Klaus Wowereit auch nicht wissen. Meine Politik leitet sich aber aus dieser Erfahrung ab. Wahrscheinlich hängt es damit zusammen, dass Geld für mich etwas ist, womit man verantwortungsvoll umgehen muss. Besonders mit Geld, das uns der Steuerzahler anvertraut hat. Wir können nicht mit vollen Händen ausgeben, was wir nicht haben. Und wir dürfen auch nicht bedenkenlos unser Tafelsilber verscherbeln, wie es in Berlin noch vor einem Jahrzehnt leider auf der Tagesordnung stand. Doch von 2006 an widersetzte sich eine Gruppe von Sozialdemokraten den weitgehenden Privatisierungsplänen des Senats. Wichtige Wirtschaftsbereiche wie etwa die Wasserbetriebe wurden danach zurückgekauft. Darauf bin ich stolz. Doch damit kann es nicht genug sein. Das Land Berlin muss in absehbarer Zeit auch die Strom- und Gasnetze wieder in die eigene Hand bekommen. Denn die öffentliche Daseinsvorsorge darf nicht in den Händen weniger Großkonzerne liegen. Manche werfen mir deshalb vor, ich dächte und handelte sozialistisch. Aber das Gegenteil ist der Fall. Für mich sieht so kluge Wirtschaftspolitik aus, die nachhaltig und vorausschauend die Grundbedürfnisse unserer Stadtgesellschaft absichert. Denn wir müssen unseren Handlungsspielraum behalten. Und nur ein starker Staat kann die Interessen seiner Bürger auch selbstbewusst und effektiv vertreten.

Die Erfahrungen in der Wirtschaft haben mich einiges über die Menschen in unserem Land gelehrt, über ihr Denken, ihre Motivationen. Es gibt viele clevere und mutige Leute in Deutschland, die auch etwas wagen wollen. Und gerade die Neuankömmlinge sind äußerst motiviert und wollen hier bei uns anpacken. Vor einigen Monaten veröffentlichte das Mannheimer Institut für Mittelstandsforschung (IFM) eine Studie, aus der hervorgeht, wie dynamisch die Zuwanderer in Deutschland sind. So sei im Zeitraum von 2005 bis 2015 die Anzahl der Gründer mit ausländischen Wurzeln um 30 Prozent gestiegen, während die Zahl der Gründer ohne Migrationshintergrund um drei Prozent zurückgegangen ist. Anteilsmäßig machen sich inzwischen zehnmal so viele Deutsche mit Migrationshintergrund selbstständig wie Alteingesessene.

Bis vor wenigen Jahren war es durchaus nicht selbstverständlich, dass sich etwa indische IT-Spezialisten für eine Arbeit in Deutschland interessierten. Mittlerweile ist das anders: Indische Studenten machen unter den ausländischen Kommilitonen heute in den Naturwissenschaften und den technischen Fächern den größten Anteil aus.

Fast 7000 Inder sind an den deutschen Fakultäten einge-
schrieben, mehr als Franzosen, Spanier oder Italiener.
An die 100 000 Ausländer arbeiten inzwischen bei uns in
den klassischen MINT-Berufen (Mathematik, Informatik,
Naturwissenschaften, Technik). Darüber dürfen wir uns
freuen, denn der Erfolg dieser zumeist jungen Menschen
wird sich über kurz oder lang auch wirtschaftlich nieder-
schlagen. Und last, not least verfügen wir in Deutschland
über eine hochqualifizierte und motivierte Arbeitnehmer-
schaft. Das alles zusammen macht unser Land zu einem
der wirtschaftlich erfolgreichsten auf dem Planeten. Und
deswegen gehört die deutsche Wirtschaftsordnung und
das unternehmerische Denken ganz eindeutig zur *neuen
deutschen Leitkultur.*

* * *

Deutschland war lange Jahre eine geteilte Nation. Diese
Teilungserfahrung (7) prägt unsere Gesellschaft noch ein
Vierteljahrhundert nach der Wiedervereinigung. Dabei
spielte und spielt die Mauer im Osten eine größere Rolle
als im Westen. Aus einem einfachen Grund. Mit der Wiedervereinigung änderte sich für die Ostdeutschen alles.
Lebensentwürfe brachen zusammen. Viele fühlten sich
– nach der anfänglichen Euphorie – alleingelassen in der
neuen komplizierten Welt des Kapitalismus. Natürlich hat
der Osten die Freiheit und den Wohlstand bekommen.
Aber das ist nicht alles. Die Eingliederung des Ostens

in die Bundesrepublik hat viel zerschlagenes Porzellan
hinterlassen. Die »blühenden Landschaften«, von denen
Helmut Kohl sprach, in denen »es sich zu leben und zu arbeiten lohnt«, ließen auf sich warten. Millionen von ostdeutschen Landsleuten – darunter viele junge Leute, Frau-
en – haben ihrer Heimat den Rücken gekehrt und sind in
den Süden oder Westen gezogen, weil dort die Aussicht
auf einen Job oder eine Ausbildung besser war. Familien
wurden so zerrissen, Ehen gingen kaputt, Freunde haben
sich auseinandergelebt. Zudem sind direkt nach 1989 viele
westdeutsche Glücksritter wie die Heuschrecken in den
fünf neuen Bundesländern eingefallen und haben dort die
Gutgläubigkeit, teils auch die Naivität oder Hilflosigkeit
der Menschen skrupellos ausgenutzt. Aus den einstmals
volkseigenen Betrieben pickten sich westdeutsche Investoren die Rosinen heraus, in den Innenstädten gingen ganze
Häuserblöcke an reiche Geschäftsleute aus Bayern, Hessen
oder Hamburg. Auf den Autobasaren wurde hingegen der
letzte Schrott zu Phantasiepreisen angeboten. Den Menschen wurden dubiose Versicherungen angedreht. Die
Liste ließe sich fortsetzen.

Mich überrascht es nicht, dass viele Ostdeutsche in den
Jahren nach der Wiedervereinigung verbittert sind. Dass
viele Ostdeutsche das Vertrauen in die Segnungen des ka-
pitalistischen Systems verloren haben. Wer permanent
übers Ohr gehauen wird, wer bevormundet wird, wer
sieht, dass seine Heimatregion in der Entwicklung deutlich zurückbleibt, der hat irgendwann die Nase voll. Und

das gilt nicht nur für die noch immer strukturschwachen Regionen. In Städten wie Leipzig, die heute boomen, können sich die Alteingesessenen eine Wohnung im Zentrum oft nicht mehr leisten. Sie mussten ins Leipziger Umland ziehen. In den Gründerzeitpalästen residieren inzwischen internationale Investoren oder westdeutsche Zugezogene. So etwas schafft kein gutes Klima.

Wenn ich heute Zahlen lese, dass fast jeder fünfte Westdeutsche noch niemals im Osten war, dann erschreckt mich das. Es ist für mich völlig unverständlich, dass man so wenig neugierig sein kann. Dabei hat der Osten so viel zu bieten. Nicht nur die großen Städte wie Leipzig und Dresden haben eine sehenswerte Entwicklung durchgemacht. Auch kleinere Städte wie Görlitz, Weimar oder Schwerin sind wahre Perlen in unserem Land, die es zu besuchen lohnt. Mir persönlich gefällt vor allem die Ostseeküste. Ich bin ein großer Fan der Strände und Inseln. Und ich liebe es, durch die alten Hansestädte wie Stralsund, Wismar oder Greifswald zu schlendern. Wann immer ich die Zeit finde, fahren wir mit der Familie in ein paar Stunden von Berlin in den Norden, um dort einige Tage Urlaub zu machen.

Wie zerrissen unser Land heute immer noch ist, zeigt sich gerade in der Diskussion um den Fußballklub RB Leipzig. Auf einmal ereifern sich die Fans alter Westvereine, dass ein Bundesligist von einem liquiden Sponsor hochgepäppelt wird. Von einem Retortenklub ist die Rede, der im deutschen Fußball-Oberhaus nichts zu suchen habe und dort auch nur hingelangt sei, weil ein Großkonzern

Hunderte von Millionen Euro habe sprudeln lassen. Wahr ist, dass ohne das Engagement des österreichischen Unternehmens Red Bull die größte Stadt Ostdeutschlands heute keinen Erstligisten hätte. Der SSV Markranstädt, ein Klub am westlichen Stadtrand der Großstadt, der in der fünften Spielklasse der Oberliga Nordost vor sich hin dümpelte, wäre niemals aus eigener Kraft in die Bundesliga aufgestiegen. Natürlich ist damit das Konstrukt RB Leipzig ein künstliches. Aber welcher andere deutsche Großverein könnte heutzutage denn aus eigener Kraft bestehen, also ohne das Engagement von Konzernen? Bayern München bekommt jährlich mehr als 100 Millionen Euro von seinen Sponsoren Audi, Allianz und Adidas. Borussia Dortmund kann sich auf Evonik und Puma stützen. Und auch ein Dorfverein aus der schwäbischen Provinz namens SG Hoffenheim hätte nie aus eigener Kraft eine entscheidende Rolle im deutschen Fußball spielen können. Ohne die Finanzspritze von Dietmar Hopp und der Hilfe seines IT-Konzerns SAP würde es auch diesen Verein in dieser Form nicht geben. Das zeigt mir, dass – wenn es um Ostdeutschland geht – noch immer mit zweierlei Maß gemessen wird. Nichts ist jedoch lächerlicher als der Vorwurf, dass der Fußball in Leipzig keine Tradition habe. Aus der sächsischen Stadt kam der erste Deutsche Meister des DFB – der VfB Leipzig. Im Endspiel um die Meisterschaft 1903, ausgetragen in Hamburg-Altona, schlugen die Sachsen damals den DFC Prag mit 7:2. Mit der DDR brach diese Tradition ab, die städtischen Vereine wurden auf regimekonforme Namen wie Lokomotive oder Chemie Leipzig getauft. Nach der Wende sollte an die alte Tradition angeknüpft werden. Aber in einer wirtschaftlich desolaten Lage ging das schnell schief. Der VfB Leipzig verschwand komplett von der Bildfläche. Wenn jetzt also ein österreichischer Brausegetränkehersteller den Sachsen hilft, dann kann man das auch als ausgleichende Gerechtigkeit ansehen. Wir sollten uns darüber freuen, dass der Osten endlich auch im Fußball wieder erfolgreich ist. Und was mich bei dieser Geschichte vor allem freut ist, dass die Fans von RB Leipzig sich deutlich von den von Rechtsextremen durchsetzten Fangemeinden im ostdeutschen Fußball absetzen. Fans, die mit erhobenem Arm und Sieg-Heil-Rufen zu einem Spiel ihres Vereins durch die Leipziger Innenstadt laufen, sind bei RB nicht vorstellbar.

Überhaupt das Thema Rechtsextremismus: Auch hier wird in unserem Land mit zweierlei Maß gemessen. Ja, es stimmt, dass der Osten offenbar anfälliger ist für Ausschreitungen gegen Flüchtlinge oder Ausländer generell. Aber auch in Baden-Württemberg brennen Flüchtlingsheime, und in Dortmund hat sich eine harte Neonazi-Szene etabliert, die nicht weniger angsteinflößend ist als die Hooligan-Szene im sächsischen Bautzen. Das Wiedererstarken des Rechtsextremismus in Deutschland ist ein bundesweites Phänomen, und wir müssen bundesweit dagegen vorgehen. Denn sonst werden wir über kurz oder lang ein erhebliches Problem für unsere Demokratie bekommen.

Und gerade bei dieser Frage spielen die Erfahrungen

der Ostdeutschen, ihr mutiger Kampf für Demokratie eine entscheidende Rolle. Denn wir können dafür sehr viel aus der Geschichte der neuen fünf Bundesländer und ihrer Bewohner lernen. Dank der Ostdeutschen hat unser Land eine friedliche und erfolgreiche Revolution erleben dürfen. Und das ist etwas Wertvolles. Mein Eindruck ist, dass wir diese Erfahrung noch nicht ausreichend würdigen. Natürlich wird alljährlich des Falls der Mauer gedacht, im regionalen Rahmen auch der großen Demos in Leipzig. Aber was es heißt, wenn Hunderttausende mutige Menschen gegen ein brutales Regime auf die Straße gehen, die fürchten müssen, dass jeden Augenblick die Panzer kommen oder Soldaten in die Menge schießen, das haben wir im Westen noch nicht wirklich begriffen. Diese Erfahrung, das Aufstehen gegen ein menschenverachtendes Regime und der Kampf für Menschenrechte, gehört für mich daher zur *neuen deutschen Leitkultur.*

Großen Einfluss haben die Erfahrungen der Wendejahre im übrigen auch im Bereich der Kunst gehabt. Kunst braucht immer auch starke Emotionen, Lebensbrüche, persönliche Herausforderungen. Daher kann ich gut verstehen, dass gerade die ostdeutschen Sänger, Schauspieler, Schriftsteller, Maler in den Jahren nach 1990 solch unglaublichen Erfolg gehabt haben. Auch das ist noch nicht wirklich im Bewusstsein aller Deutschen angekommen. Aber gerade was die internationale Wahrnehmung unserer Kunstszene anbelangt, wird das Bild Deutschlands in großen Teilen von ostdeutschen Künstlern geprägt. Nehmen wir nur die Musik, wo eine Gruppe wie Rammstein in den USA ebenso wie in Russland die Fans elektrisiert. Nicht weniger erfolgreich ist die Magdeburger Popgruppe Tokyo Hotel. Oder in der Malerei: Für die Ausstellungen eines Neo Rauch und seiner Schüler kommen betuchte Amerikaner massenweise in ihren Privatjets nach Leipzig angereist und fluten den kleinen Flughafen. So verwundert es nicht, dass das Museum of Modern Art Dutzende von Werken des Leipziger Malers gekauft hat (und die erreichen heute leicht Summen jenseits der Million-Euro-Grenze). Die New Yorker Museumsleute sind eben sehr kluge und vorausschauende Leute. Für mich lässt sich der große internationale Erfolg gerade ostdeutscher Künstler damit erklären, dass sie wahrscheinlich noch nicht so satt, so wohlbehütet und eingelullt wie viele Intellektuelle im Westen waren. Der Hunger auf Veränderung, der Drang nach Freiheit, der Mut, alles zu wagen, spricht aus ihren Werken. Sie kennen keine Schranken, und das macht ihren Erfolg aus. Das ist für mich ganz klar *neue deutsche Leitkultur.* Nach den Sternen zu greifen und die Freiheit unseres Landes in vollen Zügen auszukosten.

* * *

In den vergangenen siebzig Jahren hat Deutschland einen gewaltigen Wandel durchgemacht. Von der Trümmerlandschaft im Jahr 1945 hin zu einem Land, das internationales Ansehen genießt, das politisch pulsgebend ist für den ganzen Kontinent und durch seine beeindruckende Wirtschaft das Weltgeschehen maßgeblich mitlenkt. Unser Land spielt heute eine entscheidende, richtungsweisende *Rolle in der Welt* (8). Dieser Wandel hat unserem Land gutgetan. Er bildet sich in der Zusammensetzung der Bevölkerung, in unserer Kultur, in der Wirtschaft, aber auch in unserer Rolle in Europa ab. Denn dieses engvernetzte Staatensystem, das Deutschland mitaufgebaut hat und das sich inzwischen Europäische Union (EU) nennt, ist etwas sehr Kostbares. Die EU ist der Garant für Frieden in Europa. Das müssen wir uns immer wieder vor Augen halten. Wenn im Osten unseres Kontinents heute wieder Panzer rollen und eine Halbinsel wie die Krim mit Waffengewalt annektiert wird, wenn ein Land wie die Türkei in einen Bürgerkrieg zu stürzen droht, wenn internationale Terrorbrigaden Angst und Schrecken in unsere Städte zu bringen versuchen und bereits Hunderte Menschen Opfer ihrer Verbrechen geworden sind, dann sind wir mehr denn je gefordert zusammenzustehen. Viele Menschen, die in den letzten Jahren zu uns kamen, stammen aus Regionen, in denen Krieg herrscht. Sie sind unendlich dankbar und glücklich, dass sie in ihrer neuen Heimat Deutschland Frieden erleben, endlich ein Leben ohne Angst und mit Zukunftshoffnungen führen können. Mein Parteifreund Martin Schulz hat es auf einen Punkt gebracht. »Das europäische Einigungswerk ist in meinen Augen die größte zivilisatorische Errungenschaft der vergangenen Jahrhunderte«, sagte er in Brüssel vor Journalisten. Dem ist nichts

hinzuzufügen. Der Geist der europäischen Zusammen-
arbeit, des gemeinsamen Hauses Europa muss natürlich
ein Eckpfeiler der *neuen deutschen Leitkultur* sein.

Leider schimpfen wir seit Jahren über die Brüsseler
Bürokraten, so als ob das irgendwelche Marsmännchen
wären, die gegen unseren Willen auf unserem Gebiet ge-
landet sind und uns nun nach Belieben schikanieren. Ich
finde, es fehlt unseren Diskursen da an einer dringend
gebotenen Ernsthaftigkeit. Tatsache ist: Die EU hat ein
Parlament, das seit einiger Zeit auch die Kommissare der,
wenn man so will, europäischen Regierung mitkontrol-
liert. Dieses Parlament ist demokratisch gewählt. Deutschland stellt mit 96 Abgeordneten (knapp 13 Prozent aller
Parlamentarier) die meisten Mitglieder. Das Parlament
kontrolliert nicht nur die Kommissare, es kümmert sich
auch um den Haushalt (auch in der EU das vornehmste
Recht der gewählten Volksvertreter), entwickelt Politik-
strategien und verabschiedet Gesetze. Alles völlig trans-
parent, solidarisch und in permanenter Absprache unter
sämtlichen Ländern der 28 – nach dem Brexit 27 – Mit-
gliedsstaaten. Dass es auch auf der europäischen Ebene
klare demokratische Spielregeln gibt, kommt in der Bevölkerung noch nicht ausreichend an. Was sicher auch
daran liegt, dass nicht wirklich erkennbar ist, inwiefern im
fernen Brüssel die Politiker um die besten Politikkonzepte
streiten, inwiefern auch auf der supranationalen Ebene die
verschiedenen politischen Lager in Konkurrenz zueinan-
der stehen. Denn ein großes Manko unseres europäischen

Parlaments bleibt, dass es nicht ausreichend politisch ist. Deshalb muss es das A und O einer dringend gebotenen Reform sein, dass in Zukunft auch Parlamentarier Gesetzesinitiativen einbringen können.

Bunt zusammengemischt sitzen die Abgeordneten der verschiedenen politischen Lager beisammen und stimmen je nach Stimmungslage über die verschiedenen Punkte ab. Hier wäre eine Politisierung erforderlich, mit einer echten gewählten EU-Kommission, die dann auch den Charakter einer – politischen – Gemeinschaftsregierung hätte. Denn dann würden wir auch den Hauptkritikpunkt gegenüber Brüssel angehen: die vermeintliche mangelnde Transparenz und die enorme Machtfülle ohne demokratische Legitimierung. Zweifel bestehen auch gegenüber dem allmächtigen »Beamtenapparat«. Die Kritik ist berechtigt, wenn sie sich auf die EU-Kommission bezieht. Hier hat sich über die Jahrzehnte ein mächtiger, teils arroganter Machtklüngel von Beamten angesammelt, der wie in einer Gesetzesfabrik regiert. Das muss schnellstmöglich geändert werden, wenn das gemeinsame Projekt Europa eine Zukunft haben soll.

Für uns Deutsche ist Europa, ist die EU, längst Bestandteil unserer Identität geworden. Wir fühlen uns in der Mehrheit als Europäer, tragen stolz unseren EU-Pass, der uns viele Vorteile verschafft. Das zeigen auch die Pro-Europa-Demonstrationen, die wir seit geraumer Zeit an zahlreichen europäischen Orten und auch in vielen deutschen Großstädten erleben. Natürlich gehören wir zum »Pulse of

Europe«, wir Deutschen sind zentraler Pfeiler der Union. Wir profitieren von einem geeinten Europa, und wir verkörpern es zugleich. Daran dürfen wir nie Zweifel aufkommen lassen, und für unsere Überzeugungen müssen wir eben auch gegebenenfalls auf die Straße gehen. Auch die Gemeinschaftswährung Euro ist inzwischen akzeptiert. Die Inflation liegt nicht höher als die unserer alten nationalen Währung. Im Gegenteil, über lange Jahre ist der Euro sogar härter als die Mark gewesen. Kaum einer kann sich noch ein Europa mit langen Warteschlangen an den Grenzen vorstellen.

Zugegeben, als der Flüchtlingsstrom bei uns ankam, da haben sich viele Menschen mehr Kontrollen gewünscht. Zur Wahrheit gehört dazu, dass in einer kurzen Phase des Jahres 2015 der deutsche Staat tatsächlich etwas den Überblick verloren hat. So etwas darf nicht passieren. Und das haben viele Bürger natürlich beobachten können. Darüber hinaus empfinden einige Deutsche eine gewisse Angst aufgrund Hunderttausender Neuankömmlinge in unserem Land. Manche befürchten, Kriminelle, Terroristen und Abzocker könnten unsere Gesellschaft infiltrieren. Wenn sich die Lage wieder beruhigt hat, und das wird sie, dann wird niemand wollen, dass wir unsere Grenzen wieder dichtmachen. Das Schengener Abkommen hat uns Europäer einander nähergebracht, hat unsere Wirtschaft einmal angekurbelt, und sie hat ein Zeichen gesetzt: Wir sind eine starke, europäische Gemeinschaft.

Gemeinschaft bedeutet allerdings nicht, dass wir für uns

nur die Vorteile herauspicken können. Zu den Rechten, die wir durch unsere Mitgliedschaft in der Europäischen Union haben, kommen auch Pflichten. Und diese Pflichten sind vor allem politischer Natur. Wir müssen uns viel mehr interessieren für das, was in unseren Nachbarländern geschieht. Wir müssen uns auch mehr einmischen, wenn in Polen, Ungarn, in der Slowakei oder Griechenland unsere demokratischen Grundwerte bedroht sind. Gesine Schwan warnt regelmäßig vor den bedrohlichen Entwicklungen. »In Polen ist die Demokratie stärker bedroht als in den USA«, sagte sie kürzlich in der *Berliner Zeitung.* Damit wollte sie nicht die Regierung Trump in Schutz nehmen, sondern betonen, dass die demokratischen Institutionen unseres Nachbarlandes noch nicht in dem Maße gefestigt sind, wie dies in den USA nach 250 Jahren der Fall ist. Das müssen wir ernst nehmen, und da müssen wir unseren polnischen Nachbarn beistehen. EU-Politik ist keine Außenpolitik, sie ist längst deutsche Innenpolitik. Eine Mehrheit unserer Gesetze stammen inzwischen aus Brüssel, formuliert von Politikern und Bürokraten auch aus eben jenen Ländern, die jetzt in Schieflage geraten. Es kann uns nicht egal sein, wer von dort in unsere europäische Hauptstadt geschickt wird und über unser Schicksal mitentscheidet.

Daher gilt: Die EU gehört zur *neuen deutschen Leitkultur.* Aber Leitkultur bedeutet auch, dass wir etwas leisten müssen, dass wir unsere Werte verteidigen müssen, dass wir uns aus unseren bequemen Sesseln erheben und endlich für unsere Überzeugungen eintreten müssen.

Was unsere internationale Rolle anbelangt, ist die Europäische Union natürlich das Zentrale. Aber daneben spielt Deutschland auch eine wichtige Rolle in weiteren, zwischenstaatlichen Strukturen. Nehmen wir die Nato, die G7 oder die UN. Hier ist unsere Aufgabe jeweils unterschiedlicher Art. Die Nato ist und bleibt der Garant für unsere Sicherheit. Wir müssen in diesem Rahmen in Zukunft eher mehr als weniger leisten. Das ist gelebte Solidarität – in unser aller Interesse. Ganz besonders wichtig ist aber auch unsere Mitgliedschaft in und unser Engagement für die Vereinten Nationen. Es macht mich stolz, dass wir einer der größten Unterstützer der Weltorganisation sind, dass wir viel Geld nach New York überweisen und dass wir mehr und mehr eine bedeutende Rolle auch in diesem Gremium spielen.

»Gesellschaften benötigen eine Leitkultur«, schreibt Bassam Tibi in seinem Buch *Europa ohne Identität?*, »aber auch international brauchen wir einen kulturübergreifenden Konsens, den ich ›internationale Moralität‹ nenne.«

Ein wichtiges Argument. Unsere Leitkultur endet nicht an unseren nationalen Grenzen. Die Statuten, das Vorgehen und die Ziele der Vereinten Nationen sind gewissermaßen unser Grundgesetz auf der Weltbühne. Diesen Geist müssen wir fördern. Unser Einsatz für Frieden auf unserem Planeten im Rahmen der Weltgemeinschaft ist damit ebenfalls Teil der *neuen deutschen Leitkultur.*

* * *

Die *Zeit des Dritten Reichs, der Zweite Weltkrieg und der Holocaust* haben unser Land auf ganz besondere Weise geprägt (9). Wir tragen Verantwortung für eines der größten Verbrechen der Menschheitsgeschichte. Willy Brandt hat dies auf beeindruckende Weise deutlich gemacht. Sein Kniefall am Warschauer-Getto-Ehrenmal war eine zutiefst menschliche Geste, und Brandt war ein Mann, dem man diese Geste wirklich abnahm. Er war ein Gegner der Nationalsozialisten. Er agitierte im Untergrund gegen Hitlers Regime, reiste unter Tarnnamen durch Deutschland, riskierte sein Leben und konnte nur in der Emigration überleben. Dass ein solcher Mann sich später für die Verbrechen der deutschen Nationalsozialisten entschuldigt, das zeugt von unglaublicher Größe. Es zeigt uns aber auch, wie unsere Verantwortung vor der Geschichte zu verstehen ist: indem wir immer wieder klar und deutlich sagen, was in unserem Land Schreckliches geschehen ist, indem wir der Millionen Opfer gedenken und indem wir alles daransetzen, dass sich dergleichen nie wiederholt.

Eine der prägendsten Erfahrungen, die ich als junger Politiker hatte, erlebte ich in Polen. Sechzig Kilometer westlich von Krakau. Wir hatten einen Bus gemietet und eine bunte Gruppe von Spandauer Jugendlichen versammelt, um sie auf eine Reise in unsere deutsche Geschichte mitzunehmen. Die Teilnehmer kamen vor allem aus unserem Projekt »Stark ohne Gewalt« – einem Gewaltpräventionsprojekt für zum Teil verhaltensauffällige Jugendliche in meinem Heimatbezirk. Unser Ziel war Auschwitz. Noch als wir uns dem Lagerkomplex näherten, feixten und balgten die Jungs und Mädels herum. Sie machten dumme Witze. Der Ort schien sie nicht sonderlich zu interessieren, geschweige denn zu berühren. Als wir dann aus dem Bus ausgestiegen waren und uns langsam dem Eingangstor näherten, merkte ich bereits, wie die Gruppe etwas ruhiger wurde. Wir liefen unter dem verrosteten Eisentor durch, über uns die Inschrift: »Arbeit macht frei«. Einige zückten Fotoapparate und posierten für Erinnerungsfotos. Aber insgesamt wurde die Gruppe immer stiller. Ganz offensichtlich hatte sich in den Köpfen der Jugendlichen etwas begonnen zu verändern. Ein Thema, das sie bislang allenfalls aus dem Fernsehen oder aus der Schule kannten, ein abstraktes Thema, war auf einmal ganz konkret und schrecklich anschaulich geworden.

Auch wir hatten uns vorab abstrakt der deutschen Geschichte genähert. Wir unterhielten uns über die Verbrechen der Nationalsozialisten, darüber, was die große Mehrheit der Deutschen vor 75 Jahren ihren eigenen Landsleuten angetan hatte. Wie zu erwarten, gab es Skepsis und einen gewissen Widerwillen, sich mit diesem Kapitel der deutschen Geschichte auseinanderzusetzen. »Was soll ich damit zu tun haben?«, fragte einer. »Meine Eltern kommen aus dem Kosovo.« Ein anderer sagte: »Meine Großeltern kommen aus der Türkei. Die sind dafür nicht verantwortlich.« Andere hatten serbische, libanesische oder palästinensische Wurzeln. Natürlich hatte der Holocaust, hatten die Verbrechen der Nationalsozialisten mit ihnen, mit ihrer Familie persönlich nichts zu tun.

Doch jetzt, vor Ort, herrschte auf einmal diese Stille in der Gruppe. Wir standen in einem Raum in einer der Baracken. Vor uns befanden sich mehrere Haufen alter Schuhe. Die Schuhe stammten von Lagerinsassen, die in Auschwitz umgebracht worden waren. Ein Haufen bestand aus Kinderschuhen. Von den Eindrücken waren die Jugendlichen völlig überrumpelt. Sie hatten nicht gewusst, was sie erwarten würde. Neben den Schuhen erblickten wir haufenweise Koffer. Und auf den Koffern standen mit Kreide gekritzelte Namen. Familiennamen. Ortsnamen. »Berlin« stand auf einem Koffer. Auf einem anderen »Bln – Charlottenburg«. Jeder dieser Koffer hatte einmal einem Menschen gehört, der ihn hierhergetragen hatte und der oft nur wenige Stunden nach seiner Ankunft umgebracht worden war. Ich bemerkte, wie es in den Köpfen der Jugendlichen anfing zu rattern. Sie waren vierzehn, fünfzehn, sechzehn Jahre alt. Viele der Getöteten hatten sich in ihrem Alter befunden, und sie stammten aus derselben Stadt – aus unserer Stadt. Berlin. »Das hätte auch uns treffen können«, sagte auf einmal einer aus der Gruppe. Ein Mädchen fragte mit einem Kloß im Hals: »Wurden die alle ermordet?« Ein Junge, der gerade noch im Hof herumgealbert hatte, begann zu weinen.

Von da an betrachteten die Jugendlichen die Dinge um sich herum mit anderen Augen, und sie begriffen, dass die deutsche Geschichte Teil ihrer Geschichte war.

Wir diskutierten später noch lange weiter, im Bus auf der Rückfahrt. Alle waren sich einig, dass so etwas bei uns in Deutschland natürlich nie mehr wieder passieren dürfe. Das sind wir den Toten, den vielen Kindern, von denen wir soeben die Schuhe gesehen hatten, schuldig.

Natürlich stellt es für die heutigen Geschichtslehrer eine große Herausforderung dar, Schülern, von denen immer mehr einen Migrationshintergrund haben, die deutsche Geschichte näherzubringen und ihnen klarzumachen, dass wir als deutscher Staat, als deutsche Gesellschaft dafür weiterhin eine Verantwortung tragen.

Hier kommen viele Punkte unserer *neuen deutschen Leitkultur* zusammen. Wenn wir Zugewanderte weiterhin bloß als »Gäste« behandeln, dann werden sie sich mit unserem Land, unserer Geschichte auch nicht identifizieren. Es muss allen hier Lebenden klar sein, dass unsere Erinnerungskultur ihre Heimat betrifft, ihr Zuhause. Wer ausgegrenzt wird, entwickelt keine Bereitschaft dazu, auch eine schwierige Last wie die der Nazi-Diktatur mitzutragen. Wir müssen sie daher aufnehmen als gleichberechtigte und gleichverantwortliche Bürger. Wir alle zusammen sind das deutsche Volk. Und wir alle müssen uns der gemeinsamen Verantwortung stellen, egal ob unsere Großeltern oder Urgroßeltern tatsächlich unter den Nationalsozialisten hier gelebt haben oder nicht.

In ihrem Essay »Besuch in Deutschland. Die Nachwirkungen des Naziregimes« aus dem Jahr 1950 hatte Hannah Arendt ein sehr kritisches Bild von Nachkriegsdeutschland gezeichnet. Erstaunt nahm sie eine völlige Sprachlosigkeit der Menschen wahr, obwohl doch gerade im Land der Täter über das Menschheitsverbrechen gesprochen werden müsste. »Die Gleichgültigkeit, mit der sich die Deutschen durch die Trümmer bewegen, findet ihre genaue Entsprechung darin, dass niemand um die Toten trauert.« Wegen der Konzentrationslager und der Massenmorde liege über Europa ein Schatten tiefer Trauer, schrieb Arendt damals. Dass es nicht dabei blieb, dass sich schließlich auch die Deutschen ihrer Geschichte stellten, ist nicht zuletzt das Verdienst von Menschen wie Hannah Arendt.

Ähnlich bedeutend für die Aufarbeitung unser Geschichte war auch Fritz Bauer. Er analysierte nicht und schrieb keine Bücher, er suchte nach den Tätern. Der hessische Generalstaatsanwalt wurde zu einem der wichtigsten Nazi-Jäger in Deutschland. Gegen erheblichen Widerstand ermittelte er die Hintergründe zu den NS-Verbrechen, die Strukturen von verbrecherischen Organisationen wie der SS und die personellen Verflechtungen im Unrechtsstaat. Ohne Fritz Bauer wäre der Organisator des Holocausts, Adolf Eichmann, nicht in Argentinien ausfindig gemacht und nach Israel ausgeliefert worden. Ohne den Juristen hätte es auch keinen Frankfurter Auschwitz-Prozess gegeben. Und auch das Gedenken der mutigen Widerstandskämpfer vom 20. Juli 1944 würde heute sicher anders aussehen.

Neben Arendt und Bauer möchte ich noch einen dritten Namen nennen: Richard von Weizsäcker. Die Rede, die der damalige Bundespräsident im Mai 1985 vor dem Deutschen Bundestag gehalten hat, markiert einen wichtigen Schritt auf dem Weg zu einem neuen Verhältnis der Deutschen zu ihrer Geschichte. »Der 8. Mai ist für uns Deutsche kein Tag zum Feiern«, sagte Weizsäcker. Das Land sei zerrissen gewesen, viele Menschen heimatlos, andere in Gefangenschaft. Endlich hatten die Bombennächte ein Ende gehabt, doch viele Deutsche seien verbittert gewesen. Für sie kam das Kriegsende einer Katastrophe gleich. Sie hatten geglaubt, »für die gute Sache des eigenen Landes zu kämpfen und zu leiden«, sagte der Bundespräsident. »Und nun sollte sich herausstellen: Das alles war nicht nur vergeblich und sinnlos, sondern es hatte den unmenschlichen Zielen einer verbrecherischen Führung gedient.« So klar und deutlich hatten es bis zu diesem Zeitpunkt wenige deutsche Spitzenpolitiker auf den Punkt gebracht. Und dann fiel der entscheidende Satz: »Der 8. Mai war ein Tag der Befreiung.«

Indem von Weizsäcker die Niederlage Nazi-Deutschlands zu einem Tag der Befreiung für alle Deutschen erklärte, schaffte er die schwierige Balance. Die Rede von Weizsäckers formte das Selbstbild zukünftiger Generationen von Deutschen. Auch Dankbarkeit lässt sich hier heraushören. Eine Dankbarkeit den alliierten Befreiern gegenüber, die es den Deutschen ermöglicht haben, eine zweite Chance zu nutzen. Dieses Verdienst hat auch Richard von Weizsäcker. Und diese historische Linie – von den schwierigen Anfängen direkt nach dem Krieg, über

die intellektuelle und juristische Aufarbeitung bis hin zur
politischen Neudeutung unserer Geschichte ist für mich
deutsche Leitkultur.

* * *

Ich möchte dieses Kapitel mit einem letzten Punkt ab-
schließen, der für mich zu unserem Gesellschaftsbild dazugehört. Mir scheint, als handelte es sich bei diesem Punkt
um das Kondensat der vorangegangenen Abschnitte: Wir
Deutschen haben es geschafft, *eine aufgeklärte, friedliche Form
von Patriotismus zu entwickeln* (10). Dieser Patriotismus existiert bereits, er steht wie ein Teller Spaghetti auf dem Tisch.
Noch haben sich aber nicht alle getraut zuzugreifen. Die
einen, weil sie noch keinen Hunger haben. Die anderen,
weil sie Spaghetti nicht mögen. Andere weil sie Angst
haben, als unhöflich und schlecht erzogen zu gelten. Ich
würde aber sagen, lassen Sie uns ruhig beherzt zugreifen.
Wer Appetit hat, soll sich bedenkenlos sattessen. Denn es
ist nichts Verwerfliches. Patriotismus, so wie ich ihn verstehe, ist die konsequente Umsetzung dessen, was wir bislang beschrieben haben. Es ist die emotional, sinnliche
Seite der *neuen deutschen Leitkultur.*

Denn das Grundgesetz kann man nicht anfassen. Das ist
nicht schlimm. Keine Verfassung lässt sich essen, riechen
oder fühlen. Gesetzestexte sind nun einmal abstrakte Gebilde. Dies bedeutet für mich: Eine Verfassung kann immer
nur die Basis sein. Die Emotionen müssen von etwas ande-

rem kommen, nämlich von einem Gemeinschaftsgefühl, einem Gefühl, dass wir zusammengehören und für die gleichen Ziele und Werte eintreten. Und dieses Gefühl wird gemeinhin als Patriotismus bezeichnet. Im *Kommunistischen Manifest* schrieben Karl Marx und Friedrich Engels: »Die Arbeiter haben kein Vaterland.« Dass dies so nicht stimmt, hat die Geschichte früh genug bewiesen. Denn es gehört zur bitteren Wahrheit dazu, dass gut sechzig Jahre nach Erscheinen des Manifests auch die Arbeiter begeistert und siegesgewiss in den Ersten Weltkrieg zogen. Auch meine Partei, die SPD, hat in diesem Kapitel der deutschen Geschichte eine unrühmliche Rolle gespielt. Auf jeden Fall zeigt mir das bekannte Zitat vor allem eines: Die Menschen wollen sich nichts vorschreiben lassen. Und wenn sie sich einem Vaterland zugehörig fühlen wollen, dann tun sie das.

Ich habe nie verstanden, warum die Arbeiter kein Vaterland haben sollen. Es ist doch zunächst einmal etwas Schönes, ein Vaterland zu haben. Dort fühlt man sich verstanden, umsorgt und geborgen. Meinetwegen soll jeder Arbeiter ein Vaterland haben. Genau wie jeder Angestellte, jeder Freiberufler, jeder Manager, jeder Bäcker, Lehrer oder Praktikant.

Ein großer Mann wie Willy Brandt hat das nicht anders gesehen. Er stellte seinen Wahlkampf 1972 unter das Motto: »Stolz sein auf unser Land«. Dabei war sein politisches Handeln natürlich immer auf den Ausgleich unter den Ländern ausgerichtet. Genauso sollten wir uns dem Thema Patriotismus in einer *neuen deutschen Leitkultur* nähern.

Beginnend mit der Frage, wer heute überhaupt als Deutscher zählt. »Das Volk ist jeder, der in diesem Lande lebt«, sagte vor einiger Zeit Bundeskanzlerin Angela Merkel. Dem stimme ich uneingeschränkt zu. Jeder Bürger, der hier lebt, gehört zu unserem Volk, gehört zu Deutschland. Diese Erkenntnis ist von enormer Bedeutung. Momentan erleben wir, wie unsere türkischstämmigen Mitbürger zwischen ihren beiden Identitäten hin- und hergerissen sind. Der türkische Ministerpräsident Recep Tayyip Erdoğan hat vor allem deswegen so leichtes Spiel, weil viele Deutsche mit türkischen Wurzeln sich hierzulande nicht angenommen fühlen und deswegen noch immer an der Herkunft ihrer Eltern, Großeltern oder teils sogar schon Urgroßeltern kleben. Dass sich die zweite oder dritte Generation von Einwandererfamilien, Menschen also, die in Deutschland geboren wurden, hier aufgewachsen und sozialisiert worden sind, sich noch immer in starkem Maße mit der Türkei identifizieren, hängt auch mit der bisherigen schwachen Bindung an unsere Leitkultur zusammen. Hier müssen wir ansetzen. Ein gesunder Patriotismus kann dazu beitragen, dass die Menschen sich angenommen, akzeptiert und heimisch fühlen. Wer sich als deutscher Patriot empfindet, seine Heimat liebt und gerne im gesellschaftlichen Leben mitmischt, braucht keine Nebenkriegsschauplätze wie sie momentan nach Deutschland getragen werden. Wenn sich die zweite, dritte und vierte Generation von türkischstämmigen Einwanderern bei uns aufgenommen und wirklich integriert fühlt, dann streiten diese Deutschen schon bald nicht mehr über die Vor- und Nachteile eines Präsidialsystems in der Türkei, sondern darüber, wer der nächste Bundeskanzler werden soll. Jeder Bürger in Deutschland – alteingesessener wie zugezogener – sollte diese gefühlsmäßige Bindung an sein Heimatland ausleben dürfen, wenn er es denn will. Ich empfinde mich jedenfalls als Patrioten. Mein Patriotismus ist bunt, nicht ethnisch homogen, einladend und nicht ausgrenzend, mutmachend und nicht angsteinflößend – er ist multireligiös und aufgeklärt. Mein Patriotismus hat nichts mit dem Nörgeln, Ausgrenzen und Angstmachen der Nationalisten zu tun, die wir seit einiger Zeit in Dresden erleben. Das sind für mich falsche Patrioten.

Echte Patrioten habe ich kürzlich kennengelernt. Sie leben teilweise erst seit kurzer Zeit in Deutschland. »Danke, dass wir hier sein dürfen«, hat mir etwa ein Flüchtling aus Syrien gesagt. »Dieses Land ist toll, ich liebe es. Ich würde alles für das Land und seine Menschen geben.« Solche Personen sind für mich größere Patrioten als die Pegida-Marschierer. Denn diesen Neuankömmlingen ist unser Gesellschaftsmodell, sind unsere Werte offenbar mehr wert als den rechtspopulistischen Schreihälsen auf der Straße. Und das macht für mich einen echten Patrioten aus. Zu unseren Überzeugungen, unseren Zielen, unseren Hoffnungen zu stehen. Das zu wollen und zu verteidigen, was wir als unsere Leitkultur ansehen.

KAPITEL 4

GEFÜHLTE LEITKULTUR

Kürzlich habe ich in der Zeitung von einem grausigen Vorfall gelesen. Es ging um eine Frau, die zur Mörderin geworden war. Sie hatte ihrem Ehemann die Kehle mit einem Dolch durchgeschnitten, den sie kurz zuvor extra noch einmal hatte schärfen lassen. Die Frau hatte ihr Opfer im Schlaf überrascht und getötet, die Tochter musste ihr dabei leuchten und mit ansehen, wie der eigene Vater umgebracht wurde. Die obersten Richter waren schnell zu einem Urteil gekommen. Für ihre Bluttat sollte die Frau leiden, so wie ihr Opfer gelitten hatte. Wenige Tage nach dem Urteil kam es zur Hinrichtung. Die Mörderin wurde auf den Richtblock, einen zwei Meter hohen Steinkubus, geführt. Im Volk hatte der Ort den Namen »Des Teufels Lustgarten«. Die Verurteilte wurde dort auf dem Boden gefesselt, und ein verhüllter Henker zerschmetterte ihr von den Füßen aufwärts sämtliche Knochen. Dem grausamen Schauspiel wohnte eine grölende Menschenmenge bei. Viele waren dafür kilometerweit zu Fuß auf den staubigen Hügel gekommen. Händler verkauften Speisen und Getränke. Als die Mörderin endlich tot war, waren alle überzeugt, dass Gottes Wille vollstreckt worden war. Zur Abschreckung blieben die Überreste der Toten mehrere Tage lang ausgestellt.

Bei dem Bericht sträubten sich mir die Nackenhaare. Was für ein krankes Verständnis von Gerechtigkeit mussten Menschen haben, um jemanden derart bestialisch zu töten? Von ähnlichen Vorfällen hört man in Somalia, auch im Iran kommt es immer noch zu derartigen Hinrichtungen. Wir bringen solche Taten wohl instinktiv mit der Terrororganisation Islamischer Staat (IS) in Verbindung. Doch weit gefehlt. Der Zeitungsbericht beschrieb einen Vorfall aus Berlin. Das grausige Schauspiel ereignete sich wenige Kilometer östlich von meinem Zuhause. Auf dem Gebiet des heutigen Wedding, im Herzen der Bundeshauptstadt also. Zugegeben, der Bericht schildert kein Ereignis aus dem Jahr 2017, sondern es ging um die letzte öffentliche Hinrichtung in Berlin, vollstreckt am 2. März 1837. Also zu einer Zeit, als durch deutsche Lande bereits Eisenbahnen fuhren und in deutschen Parlamenten erstmals über eine Sozialgesetzgebung gestritten wurde. Das Ereignis ist nicht einmal zweihundert Jahre her. Die Hinrichtung fand in »aufgeklärten Zeiten« statt – ein halbes Jahrhundert nach Kant.

Ebenfalls ein halbes Jahrhundert zuvor war die Allgemeine Erklärung der Menschen- und Bürgerrechte von der Französischen Nationalversammlung verabschiedet worden. In Artikel 8 heißt es darin: »Das Gesetz soll nur Strafen festsetzen, die unbedingt und offenbar notwendig sind.« Inwiefern eine solch bestialische Bestrafung unbedingt nötig gewesen wäre, hätte in Berlin damals niemand erklären können. Und dennoch herrschten in unserer Hauptstadt bis weit ins 19. Jahrhundert hinein offenbar Zustände, wie wir sie im dunkelsten Mittelalter erwartet hätten. Was zeigt uns das?

Vor allem, dass sich Wertmaßstäbe und Moralvorstellungen ändern. Vieles von dem, was für unsere Eltern, Großeltern und Urgroßeltern noch selbstverständlich war, ist für uns heute nicht mehr nachvollziehbar oder erscheint uns gar moralisch verwerflich. Und umgekehrt.

Ein paar Beispiele: Noch in den 1950er Jahren wurde in der Bundesrepublik Jagd auf Homosexuelle gemacht. Gestützt auf den sogenannten ›Schwulenparagraphen« (§ 175 des deutschen Strafgesetzbuchs) konnten mehrjährige Gefängnisstrafen verhängt werden, nur weil jemand seine sexuelle Orientierung auslebte. Mit fatalen Folgen. Junge Männer versteckten sich oder verließen das Land, viele wurden in den Selbstmord getrieben. Erst in unseren Tagen wird dieses Kapitel aufgearbeitet. Höchste Zeit!

Oder um ein Beispiel aus der unmittelbaren Gegenwart zu nehmen: Noch immer müssen Frauen in unserer Gesellschaft im Berufsleben mit Nachteilen kämpfen. Deswegen erleben wir momentan zu Recht heftige Diskussionen über eine Quote für Frauen in Konzernvorständen, über gleichen Lohn für Frau und Mann und über selbstbestimmtes Muttersein. Noch ist die Gleichberechtigung der Geschlechter zwar nicht durchgesetzt, aber die

Tatsache, dass Frauen und Männer gleichberechtigt sind, darüber herrscht keine Frage.

Das sah in den fünfziger und sechziger Jahren des vorigen Jahrhunderts noch ganz anders aus. Freie Berufswahl war kaum ein Thema. Es gab die typischen Frauenberufe wie Sekretärin. Im übrigen sah die Gesellschaft die Hauptaufgabe der Frau in ihrer Rolle als Mutter und Hausfrau. Frauen durften nicht einmal einen Kredit aufnehmen, und sie mussten, wenn sie denn verdienten, ihren Lohn beim Ehemann abliefern. Erst in den späten Sechzigern, im Zuge der Studentenbewegung, entwickelte sich eine Emanzipationsbewegung der Frauen, die nach zum Teil erheblichen Kämpfen zu den Resultaten führte, die wir heute gern für selbstverständlich halten. Von diesem Emanzipationsprozess haben im übrigen auch die Migrantinnen aus muslimischen Ländern profitiert. Auch für muslimische Frauen hat sich in Deutschland viel geändert. Heute wird in muslimischen Haushalten genauso darüber gestritten, ob junge Frauen Kopftuch tragen müssen oder nicht, wie in deutschen Familien noch in den siebziger Jahren gestritten wurde, ob die Tochter des Hauses statt des üblichen Rocks Bluejeans tragen darf.

Ein letztes Beispiel, um den schnellen und tiefgreifenden Wandel von gesellschaftlichen Normen zu verdeutlichen: Vor dreißig Jahren hätte sich niemand in Deutschland vorstellen können, dass einmal ein Massenphänomen wie das Rauchen bei uns gesellschaftlich geächtet und geradezu flächendeckend verboten würde. Dass einmal selbst-

ernannte Anti-Raucherpolizisten durch die Kneipen ziehen würden und Politiker sich nur noch trauen, verschämt
eine zu qualmen, wenn auch sicher keine Fernsehkamera
läuft und niemand mit Fotohandy in der Nähe ist. Um kein
Missverständnis aufkommen zu lassen: Ich finde es gut,
dass wir durch die strikte Anti-Nikotin-Politik unsere Gesellschaft gesünder machen – solange ich weiterhin einen
Ort finden kann, wo ich in Ruhe zum Entspannen eine
Shisha mit Apfeltabak rauchen kann … Nein, aber Scherz
beiseite. Was ich mit dem Beispiel zeigen will ist, dass sich
innerhalb kürzester Zeit eine Gesellschaft grundlegend
wandeln kann.

Werte und Normen sind die ungeschriebenen Gesetze
eines Landes, und sie variieren erheblich von Nation zu
Nation. Das zeigt uns ein Blick in die USA. Was dort für
Millionen von Menschen selbstverständlich und moralisch einwandfrei ist – nämlich das Tragen und der Ge-
brauch von Schusswaffen oder etwa die Todesstrafe –,
wird bei uns von einer großen Mehrheit der Bevölkerung
als unzeitgemäß und womöglich unmoralisch wahrgenommen. Die Kriterien für diese Wahrnehmung sind
jedoch nirgends festgeschrieben. Die Menschen fühlen
es: Sie empfinden ein Verhalten oder eine Sichtweise als
normal oder als unnormal. Es handelt sich dabei um eine
Art kollektiven Erfahrungsschatz, um generelle Verhal-
tensweisen, die ein Volk, eine Nation, mehr oder minder
teilt.

Dies ist die gefühlsmäßige Seite einer Gesellschaft, und

wir dürfen sie nicht außer Acht lassen, wenn wir definieren wollen, was Deutschsein, was Deutschland heute ausmacht.

* * *

Es gibt also eine Art gelebter Leitkultur, die nicht durch Gesetze zu erfassen ist, die aber ein Grundgefühl, wenn man so will eine Art seelischen Querschnitt der Republik abbildet. Zum einen gehören dazu Empfindungen, was als richtig oder falsch angesehen wird – jenseits von Gesetzestexten. Zum anderen zählen dazu die Sitten und Gebräuche eines Landes. Anders als die klaren Ansagen aus dem Grundgesetz oder der Sozial- und Wirtschaftsordnung unseres Landes ist diese gefühlte Leitkultur nur schwer zu fassen. Sie ist viel weniger konkret. Sie unterliegt auch viel stärker regionalen Schwankungen. Ein Bayer oder ein Schwabe hat vielleicht völlig andere Vorstellungen davon, was Deutschsein ausmacht, als ein Westfale, Hamburger oder Berliner. Trotzdem gibt es diese gefühlte Leitkultur. Und sicher gibt es Aspekte in dieser Gefühlswelt, die für eine große Mehrheit der Bevölkerung gelten, die sich herausarbeiten und festschreiben lassen. Darum soll es im Folgenden gehen.

* * *

Erfahrungsgemäß gibt es Sichtweisen, die kann man recht schnell übernehmen. Andere brauchen ihre Zeit. Ich erinnere mich noch, wie meine Familie in Berlin ankam und ich in den ersten Tagen über die Werbeplakate in den Straßen gestaunt hatte. Da gab es zum Beispiel diese Frau im Bikini, die eine überdimensionale Kaugummipackung unter dem Arm trug. Eine solche Wrigley-Werbung wäre in Palästina undenkbar gewesen. Dennoch bereiteten die freizügigen Darstellungen mir Jungen keine Probleme. Ich fand die Werbetafeln komisch, aber sie störten mich nicht. Und nach wenigen Monaten empfand ich mein neues TV-, Radio- und Plakatumfeld als völlig normal. Nicht ganz so schnell ging es bei einem anderen Bereich der Gesellschaft – den Sitten und Gebräuchen. Etwa Weihnachten.

Natürlich kannten meine Eltern Weihnachten. Für uns Kinder spielte aber Christi Geburt keine Rolle, als wir in Deutschland ankamen. Zwar wurde ich nur wenige Kilometer von Bethlehem entfernt geboren, wo jedes Jahr Zigtausende Menschen Ende Dezember zusammenkamen, um feierlich der Geburt des christlichen Erlösers zu gedenken. Der Ort war dann immer sehr festlich geschmückt, auch die palästinensischen Nachbarn empfanden die besondere Stimmung dort. Aber Weihnachten war eben kein zentrales Fest der überwiegend muslimischen Bevölkerung. Vielleicht hatte einer meiner älteren Brüder mal was von einem »Weihnachtsmann« gehört. Mir Fünfjährigem sagten die Bräuche auf jeden Fall nichts. Christbaum, Nikolaus, Adventskalender – das löste bei mir keinerlei Gefühle aus. Mein Weg hin zum Weihnachtsfest begann mit der Schule. Damals gab es bei uns immer ein Krippenspiel. Ich wurde gefragt, ob ich auch mitmachen wollte. Ich wollte also von meinen Eltern wissen, was sie von der Idee hielten. Mein Vater hatte uns Kindern gleich bei unserer Ankunft gesagt, dass Deutschland nun unsere neue Heimat sei, und dass wir uns an die Regeln des Landes halten müssten und uns anstrengen sollten, damit wir hier schnell heimisch würden. Natürlich waren meine Eltern einverstanden, dass ich an dem Krippenspiel teilnahm. Allerdings merkte ich, wie fremd ihnen dieser Brauch war, und vielleicht waren sie auch etwas besorgt, was die Teilnahme bei mir auslösen würde.

Auf jeden Fall ging ich wild entschlossen, den Josef zu spielen, zurück in die Schule und probte einmal pro Woche meinen großen Auftritt. Noch heute kann ich den Text auswendig: »Wer klopfet an?«, polterte der erste Herbergswirt. »Oh, zwei gar arme Leut'«, sangen Maria und ich im Duett. Dann wieder der als Grobian verkleidete Mitschüler: »Was wollt ihr dann?« Und erneut wir: »Oh gebt uns Herberg heut'.« Dann zogen wir auf der Bühne der Mehrzweckhalle weiter, von Herberge zu Herberge, und nirgends wurden wir hineingelassen. Eine Szene hat sich mir besonders eingeprägt. Als wir wieder einmal vergebens an eine Tür klopften und sich folgender Dialog entwickelt:

Maria und Josef: »Lasset uns bei euch dort wohnen.«

Wirt: »Was zahlt ihr mir?«

Maria und Josef: »Kein Geld besitzen wir.«

Wirt: »Dann fort von hier.«

Maria und Josef: »Oh, öffnet uns die Tür.«

Diese Hartherzigkeit, dass Menschen in ihrer Not nur geholfen wird, wenn sie Geld besitzen, bewegte mich schon als Kind. Heute hören wir die Berichte von skrupellosen Schleusern, die Tausende Euro verlangen, um Kriegsflüchtlinge aus Syrien, Afghanistan oder Libyen ins gelobte Europa zu bringen. Und wer nicht zahlt, der muss eben im Bombenhagel sterben oder ertrinkt im Mittelmeer. Wer dagegen über das nötige Kleingeld verfügt, kann sogar in einer Luxusjacht von den türkischen Stränden an die Küste Italiens oder Griechenlands übersetzen und von dort bisweilen ganz bequem über die Autobahnen gen Norden brettern. Was wir in den letzten Jahren im Nahen Osten, auf den Flüchtlingsrouten und an unseren Bahnhöfen erleben, erinnert mich an die Weihnachtsgeschichte. Nur dass es heute in Deutschland zum Glück viele Herbergswirte gibt, die nicht hartherzig sind, die nicht aufs Geld schauen oder nicht nur an ihren eigenen Vorteil denken. Vielleicht hat hier auch geholfen, dass viele Millionen Deutsche schon als Kinder beim Krippenspiel gelernt haben, wie wichtig es ist, hilfsbereit und großherzig zu sein. So abwegig finde ich den Gedanken gar nicht.

Auf jeden Fall kam es einige Wochen später zum großen Auftritt. Meine Eltern hatten mir versprochen, dass sie kommen würden. Was sie auch taten. Aber sie kamen nicht allein. Sie brachten auch noch einen Onkel mit. Und sie nahmen ganz vorne, in der zweiten Reihe Platz. Ich spürte, wie sie ihre Augen erwartungsvoll auf mich gerichtet hatten, was meine Nervosität nicht gerade minderte.

Im Scheinwerferlicht zog ich dann mit Maria vergebens auf der Bühne von Tür zu Tür. Immer wieder schaute ich verstohlen zu meiner Familie, aber sie schienen mit meiner Vorstellung durchaus zufrieden zu sein. Als sie dann zum Abschluss auch noch kräftig klatschten, war ich erleichtert. Und dann kam mein Vater zu mir. Er sagte mir, dass er sehr stolz auf mich sei. Das Lob meines Vaters – es war für mich mein erstes und mein schönstes Weihnachtsgeschenk.

In der muslimischen Welt gibt es zwei Feste, die ähnliche Bedeutung haben wie Weihnachten oder Ostern: das Zuckerfest und das Opferfest. Vielleicht kann man sagen, dass das Zuckerfest – oder das Fest des Fastenbrechens, wie es auch genannt wird – ein bisschen wie Weihnachten ist. Schon in den letzten Tagen des vorangehenden Ramadan ziehen die Muslime los und kaufen Süßigkeiten, üppige Speisen und Leckereien. Ein bisschen wie im Advent die Tradition mit den Plätzchen, nur dass die natürlich schon gleich gegessen werden dürfen. Am Zuckerfest gehen die Menschen dann in die Moschee, danach kommt es zu einem großen Festtagsschmaus mit der Familie. Ich erinnere mich noch, wie wir Kinder mit unseren Eltern immer zusammenkamen und dann bis spät in die Nacht geschlemmt haben. Auch während der ersten Jahre in Deutschland war das so. Nicht viel anders als an Weihnachten haben wir Kinder dann auch Geschenke bekommen.

Wenn ich mich heute als braven Muslim bezeichnen würde, würde ein Imam wohl zu Recht den Kopf schüt-

teln, aber ich versuche die religiösen Regeln so gut wie
möglich einzuhalten. In Berliner Zeitungen werde ich
manchmal als säkularer Muslim bezeichnet, das trifft es
wohl recht gut. So habe ich mein ganzes Leben lang noch
keinen Alkohol getrunken, auch wenn ich gerne mal wissen würde, wie es ist, wenn man eine Nacht durchzecht.
Auch Schweinefleisch esse ich keins. Aber das machen
heute in Deutschland immer mehr Menschen und längst
nicht nur Muslime. Trotzdem bin ich zu einem großen
Weihnachtsfan geworden. Mein Faible gehört beiden Fes-
ten – Weihnachten und dem Zuckerfest. Denn diese Feste
sind gelebtes Brauchtum. Natürlich feiern wir jedes Jahr
das Zuckerfest und das Opferfest mit der Familie, auch
mit den entfernteren Verwandten. Aber bei uns zu Hause
ist inzwischen Weihnachten mindestens genauso wichtig
geworden. Meine beiden Söhne lernen in der Schule Weih-
nachtslieder. Ich freue mich immer, wenn ich an den Tagen vor Heiligabend gemeinsam mit meiner Frau zu ihnen
in die Schule gehen kann und dann vorne in der Turnhalle
Dutzende Kinder stehen, Kinder von alteingesessenen
Familien, Zugezogene, Flüchtlingskinder, meine beiden
Söhne und ihre Freunde, und dann alle zusammen »O du
fröhliche« singen oder »Kling, Glöckchen, klingelingeling«.
Ich liebe den Duft von Pfefferkuchen, von Zimtsternen
und gebrannten Mandeln. Ich stelle selbst bei mir als Er-
wachsenem eine wachsende Vorfreude auf Weihnachten
fest – ein bisschen wie in meiner Kindheit, als ich die Tage
bis zum Ende des Ramadans zählte und kaum erwarten

konnte, dass es endlich zum Zuckerfest kommt. Neuerdings kaufe ich auch immer einen Weihnachtsbaum. Und ich habe dabei kürzlich eine überraschende Erkenntnis gehabt: Offenbar wird der Baum, den ich kaufe, immer größer, je größer meine beiden Jungs werden. Ich hoffe, die beiden werden nicht irgendwann einmal zu langen Lulatschen, wie man hier bei uns in Berlin sagt.

Was ich sagen will: Weihnachten ist gelebtes Brauchtum. Und diese Tradition können auch Muslime, Juden oder Buddhisten mitfeiern, was sie auch tun.

Oft wird kritisiert, dass für die Menschen Weihnachten nur noch ein Fest des Schenkens und Schlemmens sei und die religiöse Bedeutung immer mehr in den Hintergrund rückt. Aber wir leben nun einmal in einer säkularen Gesellschaft. Aus dem religiösen Fest hat sich etwas entwickelt, das ich für nicht weniger wichtig halte als die ursprüngliche christliche Bedeutung. Weihnachten, das ist Familie, das sind Besuche bei Verwandten und Bekannten, das ist Besinnung und zur Ruhe kommen. Weihnachten ist Nächstenliebe, Schenken und Beschenktwerden.

* * *

Sitten und Gebräuche ändern sich ständig, weil sich die Menschen einer Gesellschaft ständig verändern. Nehmen wir nur die Kleidung. Es galt einmal: Kleider machen Leute. Und tatsächlich konnte man den Menschen in früheren Jahrhunderten sofort an der Kleidung ansehen, welchen

Beruf sie ausübten oder welchen Stand und Rang sie inne-
hatten. Noch in den fünfziger und sechziger Jahren gingen
die Männer für gewöhnlich nicht ohne Hut aus dem Haus
und die Frauen nicht ohne Kopftuch. Natürlich trugen die
Frauen Röcke und die Männer Hemd und Krawatte. Wenn
wir uns die Situation in Deutschland heute ansehen, dann
stellen wir zweierlei fest: Zum einen gibt es eigentlich
keine feste Kleiderordnung mehr. Mittlerweile tragen konservative Politiker das Hemd offen und ohne Krawatte,
während DJs in angesagten Berliner Clubs einen schmalen
schicken Schlips anlegen. Gleichzeitig verwenden Teile
der Bevölkerung einen bestimmten Kleidungsstil, um sich
vom Rest der Gesellschaft abzusetzen oder um sich als Teil
einer bestimmten Szene zu erkennen zu geben. Dies zeigt,
wie durchlässig und tolerant unsere Gesellschaft ist.

Das gilt natürlich auch für Kleidungsstile anderer Kulturen. Bei uns gehören heute junge muslimische Frauen mit
Kopftuch – genauso wie junge muslimische Frauen ohne
Kopftuch – ganz selbstverständlich dazu. Eine Gesellschaft, die sich Religionsfreiheit auf die Fahnen geschrieben hat, muss religiöse Vielfalt auch im Erscheinungsbild
aushalten. Aber wahrscheinlich befinden wir uns gerade
an einer Wegmarke in unserem Land. Auch wenn die Diskussion über das Kopftuch den gegenteiligen Eindruck
erweckt: Überall lässt sich beobachten, dass religiöse und
ethnische Bindungen sich lockern. Das ist für das harmo-
nische Miteinander in einer Gesellschaft von großer Wich-
tigkeit. Es ermöglicht, dass heute ein jüdischer Amerika-

ner im katholischen Westfalen genauso selbstverständlich
zur Bevölkerung gehören kann wie ein dunkelhäutiger
Äthiopier in Altötting oder die Chemikerin bei BASF in
Ludwigshafen, die ein Kopftuch trägt.

* * *

Eine gefühlte deutsche Leitkultur existiert natürlich auch
beim Essen. Heute essen die Deutschen sicher öfter Döner
oder Pizza als Matjesfilet oder Schweinshaxen. Liebe geht
durch den Magen, heißt es. Wenn wir unsere Essgewohn-
heiten anschauen, haben wir die zugewanderten Menschen der vergangenen Jahrzehnte ganz offensichtlich
längst in unser Herz geschlossen. Dies sollte uns als leuchtendes Beispiel dienen für andere Bereiche unseres Alltags.
Natürlich geht es nicht darum, dass die deutschen Frauen
(wieder!) mit Kopftüchern herumlaufen sollen. Wer so
etwas behauptet, ist entweder naiv oder schürt bewusst
Ängste. Längst beobachten wir die gegenteilige Tendenz:
Immer mehr muslimische Frauen verzichten auf das Kopftuch, und in der nächsten Generation wird das Tragen von
Kopftüchern noch viel stärker abnehmen.

Auch die Urlaubsgewohnheiten unserer Mitbürger mit
ausländischen Wurzeln ändern sich übrigens. Ich kenne
inzwischen viele türkisch-, italienisch-, serbisch- oder ara-
bischstämmige Familien, die es lieben, Urlaub in Deutschland zu machen. Klar, betagtere türkischstämmige Menschen etwa wollen wenigstens einmal im Jahr die alte

Heimat sehen. Aber der jungen Generation ist das oft viel zu umständlich. Und wenn der Winter mal wieder zu kalt ist, dann fliegen sie nach Antalya – als Touristen, wie Millionen andere Deutsche auch.

Meine Familie liebt zum Beispiel die Ostsee. Während es für meine Eltern noch kaum vorstellbar war, den Urlaub im Sommer auf Norderney, Sylt oder in den Alpen zu verbringen, ist das für meine Frau und mich völlig normal. Wenn wir nur irgendwie Zeit finden, packen wir unsere Söhne ins Auto und fahren in vier Stunden ans Meer.

* * *

Ein typisches deutsches Verhalten, das ich der gefühlten Leitkultur zurechnen möchte, ist die große Spendenbereitschaft in unserer Bevölkerung. Großzügigkeit und Großherzigkeit sind entscheidende Faktoren für ein harmonisches Zusammenleben. Auch wenn man zuweilen den Eindruck bekommt, dass die Menschen immer hartherziger und geiziger werden. Werbesprüche wie »Geiz ist geil« und die weitverbreitete ewige Schnäppchenjagd haben dazu sicher beigetragen. Aber die Wirklichkeit ist eine andere. Jedes Jahr kommen immer größere Summen an Spendengeldern zusammen. Und hier spielt es auch keine Rolle, wo es den Menschen gerade schlecht geht. Egal ob es um ein Erdbeben auf Haiti, einen Tsunami in Indonesien oder eine Hungerkatastrophe in Äthiopien geht.

Zu den ungezählten privaten Spendern kommen viele

große Stiftungen, die ebenfalls ihren Beitrag leisten, um »sich über die Verfassung hinaus zu engagieren«, wie es Per Steinbrück einmal formuliert hat. Natürlich gibt es – leider – auch viele Stiftungen, die keinem anderen Zweck dienen, als steuerliche Vorteile abzuschöpfen. Aber dies kann nicht darüber hinwegtäuschen, dass es in Deutschland eine lebendige Stiftungstradition gibt, von Firmen und wohlhabenden Einzelpersonen, die etwas von dem Reichtum, den sie erwirtschaften konnten, zurückgeben wollen. So gab es im Frühjahr 2017 stolze 21 300 Stiftungen in Deutschland – Tendenz weiter steigend –, und 95 Prozent von ihnen widmen sich gemeinnützigen Zwecken wie Bildung, Kultur oder Umweltschutz.

* * *

Auch die Umweltschutzbewegung ist für mich deutsche Leitkultur. Für gewöhnlich verbinden wir mit der »Ökobewegung« die 1970er Jahre. Aber es gab bereits vorher Auseinandersetzungen und Diskussionen, in denen ein Umdenken im Umgang mit der Natur gefordert wurde. So war um das Jahr 1800 herum das Thema »Holznot« in aller Munde. Die Menschen fürchteten, dass durch den Raubbau der »deutsche Wald« auf Dauer geschädigt würde. Die negativen Auswirkungen lassen sich noch am Beispiel Lüneburgs verdeutlichen. Für die dortige Salzproduktion und die riesigen Salinenanlagen wurde immer mehr Wald gerodet. Als alle Bäume gefällt waren, versandete der Boden, und es wuchs nur noch Heidekraut. Die Lüneburger Heide ist also kein Naturphänomen, sondern Menschenwerk.

Nicht von ungefähr setzte zur Zeit der »Holznot«-Debatte eine Bewegung ein, die als »deutsche Romantik« europaweit großen Einfluss gewinnen sollte und die mit Namen wie Johann Gottlieb Fichte, August Wilhelm Schlegel oder Novalis verbunden wird. Für die genannten Dichter und Denker war die Natur nicht länger bloß die Wildnis, die der Mensch noch nicht urbar gemacht hatte, also noch nicht wirtschaftlichen Zwecken untergeordnet hatte. Sondern die Natur wurde zu einem gleichberechtigten Gegenstück zur Kultur. Man könnte dies eine ganzheitliche Sichtweise nennen, die uns zu Bewusstsein bringt, dass der Mensch nur *mit* der Natur leben kann, nicht gegen sie.

Als 1983 die Grünen in den Bundestag einzogen, wollten also Romantiker Politik machen. Viele Menschen im Lande hielten sie damals einfach für »Spinnner«. Kaum einem war bewusst, dass die neue Bewegung ein, wenn man so will, urdeutsches Thema aufgegriffen hatte, das schlicht etwas in Vergessenheit geraten war. Denn »erfunden« haben die Grünen den Ökologie-Aktivismus nicht. Sie haben ihn allerdings mehrheitsfähig gemacht, was auch keine kleine Leistung ist. So konnte sich die Umweltpolitik von einer Art Nischenthema zu einem Politikfeld von zentraler Bedeutung entwickeln. Diese Einsicht setzte sich allerdings erst nach und nach durch. Von welch herausragender Bedeutung das Thema ist, erschloss sich den meisten Deutschen erst, als die Grünen mit der SPD die erste rot-grüne Bundesregierung gebildet hatten und den Atomausstieg, die Ökostromwende und generell die Nachhaltigkeit unseres Lebensstils salonfähig gemacht hatten. Heute setzen sich ganz selbstverständlich alle Parteien für das Thema ein – die einen mehr, die anderen weniger.

Auch der Bio-Hype ist ein sehr deutsches Phänomen. Ich erinnere mich noch an die ersten Ökoläden in Spandau. Damals ging dort eine sehr spezielle Klientel einkaufen, mit dicken Wollpullis, bunten Schals und die Männer mit Rauschebart. In ihren Taschen schleppten die Leute verrunzelte Mohrrüben nach Hause, sie kauften bereits fair gehandelten Kaffee aus dem südamerikanischen Hochland oder Hirse und Dinkel. Aus diesem Nischenbereich der Gesellschaft ist heute ein Massenphänomen geworden. In den USA ist es inzwischen schick, »organic« einzukaufen. Genauso in Frankreich, Großbritannien oder Holland. Daher ganz eindeutig: Öko ist *neue deutsche Leitkultur.*

Hierher gehört für mich auch die deutsche Friedensbewegung. Ihren Höhepunkt erlebte sie Anfang der achtziger Jahre. Aus Angst vor dem massiven Aufrüsten der beiden großen Blöcke – der Sowjetunion auf der einen, des Nato-Bündnispartners auf der anderen Seite – trugen immer mehr Menschen ihren Protest auf die Straße. Eine halbe Million Menschen pilgerten 1982 nach Bonn, in die damalige deutsche Hauptstadt am Rhein, um gegen den Nato-Doppelbeschluss, das Wettrüsten zwischen West und Ost zu demonstrieren. Die Massenveranstaltung geriet zu einer eindrucksvollen Demonstration der Entschlossenheit und Friedfertigkeit der deutschen Bevölkerung. Später knüpfte Gerhard Schröder an diese Nachkriegsentwicklung wieder an. Als der SPD-Bundeskanzler der US-Regierung die Stirn bot und sich weigerte, am Irak-Feldzug teilzunehmen, bewies er eindrucksvoll die friedliche Grundausrichtung der deutschen Regierungen, aber auch generell des deutschen Volkes. Der pazifistische Geist der vergangenen Jahrzehnte ist bei vielen Menschen in der Bevölkerung noch lebendig und tief verankert. Wir müssen ihn bewahren und bestärken. Er gehört zu unserer Leitkultur dazu.

* * *

So wichtig Schutz ist, so sehr sich Menschen nach Sicherheit sehnen und Krieg ablehnen, immer weniger Deutsche wünschen sich einen bevormundenden Staat. Seit einiger Zeit lässt sich in unserer Gesellschaft eine neue Lust am Mitmachen, am Anpacken beobachten. Das ist wunderbar. Allerdings bedeutet es auch, dass die Politik sich dieser neuen Bereitschaft zum Engagement öffnen muss. Wenn auf einmal in unserem Land Menschen alternative Fahrradweg-Konzepte erarbeiten, wenn sie Bäume vor dem Fällen bewahren wollen oder Essen und Kleidung für Flüchtlinge organisieren, dann ist das eine sehr positive Entwicklung. Es zeigt uns vor allem eines: Viele wollen vom Staat nicht wie Kinder behandelt werden. Sie wollen sich einmischen und ihre Meinung vertreten. Wenn es konkret wird, in der Nachbarschaft, in der eigenen Stadt, dann haben die Deutschen oft sehr genaue Vorstellungen davon, was für sie das Beste ist. Diese Energie, diesen Willen müssen wir ernst nehmen und dürfen den Leuten keine Steine in den Weg legen. Daher: Volksbegehren, Demos, Bürgerinitiativen und gesellschaftliche Initiativen sind wichtig. Sie sind Aushängeschilder unserer Gesellschaft und beweisen, dass wir in einer gesunden Demokratie leben. Dass in unserem Land heute immer mehr Menschen Spielräume vom Staat beanspruchen, um sich politisch und gesellschaftlich engagieren zu können, gehört für mich ebenfalls zur *neuen deutschen Leitkultur.*

* * *

Zuletzt möchte ich zur gefühlten deutschen Leitkultur noch eine weitere Sphäre rechnen, die an dieser Stelle vielleicht überraschend kommt – die deutsche Unterhaltungskultur. Es ist ein hartnäckig sich haltendes Klischee, dass in Sachen Spannung, Witz und Emotionen in Deutschland nicht viel zu holen ist, dass, wer auf hohem Niveau unterhalten werden will, auf angelsächsische oder amerikanische Produkte angewiesen ist. Das hat man im frühen 20. Jahrhundert durchaus noch anders gesehen. Ich denke da vor allem an die deutsche Filmbranche. Wenn damals ein Land in Europa mit dem Kino assoziiert wurde, dann war es Deutschland. Das Studio Babelsberg in Potsdam wurde 1912 gegründet und war das erste große Filmstudio weltweit – ein direkter Vorläufer der Traumfabrik in Hollywood. Zu Beginn der 1930er Jahre gab es in Deutschland so viele Lichtspielhäuser wie in keinem anderen Land – an die 5000. Mehrere Millionen Menschen zog es täglich in die Kinos. In Babelsberg und in anderen Studios wurden damals mehr Filme gedreht als in allen anderen europäischen Ländern zusammen. Viele spätere Hollywood-Produzenten und Regisseure hatten deutsche Wurzeln. So Carl Laemmle. Der Filmmogul, 1867 in Laupheim im baden-württembergischen Landkreis Biberach geboren, gründete die Universal Studios. Die Filmdiva Marlene Dietrich aus Berlin-Schöneberg emigrierte ebenfalls in die Vereinigten Staaten und drehte dort mit Gary Cooper. Vor allem Billy Wilder ist hier zu nennen, der an der Spree zu einem der Erfinder der Filmkomödie wurde und später für Streifen wie *Manche mögen's heiß* oder *Eins, zwei, drei* gefeiert wurde. Sogar die Marx-Brothers haben ihren familiären Ursprung mütterlicherseits in Deutschland – nämlich im ostfriesischen Dornum.

Sage keiner, dass die Deutschen keine Filmkomödien könnten! Gerade hat *Toni Erdmann* von Maren Ade das Gegenteil bewiesen. Der Film war hochverdient für einen Oscar nominiert.

Gerne erinnere ich mich an die unzähligen Abende in der Familie zurück, als wir Geschwister uns mit meinen Eltern um den Fernseher versammelt hatten, um eine neue

Folge der *Schwarzwaldklinik* anzuschauen. Wie gebannt saßen wir alle vor der Mattscheibe und ließen uns von den
kleineren und größeren Dramen der Familie Brinkmann
unterhalten. Staffel eins und zwei haben wir wirklich ver-
schlungen. Es war eine heile Welt, die uns da allwöchentlich
vorgeführt wurde, aufgenommen in einem weitentfernten
Tal bei Freiburg im Breisgau. Es klingt vielleicht ein bisschen pathetisch, aber die ZDF-Serie gab mir irgendwie ein
Gefühl von Geborgenheit in unserer neuen Heimat. Wir
sahen dort ein Deutschland wie aus dem Bilderbuch, zu
dem wir gerne dazugehören wollten. Und das ist eine Leistung dieser, von den Kritikern damals als »Kitschromanze«
verschrienen, TV-Serie. Wenn es eine Fernsehserie schafft,
positive Grundgefühle einem Land, einer Gesellschaft gegenüber zu aktivieren, dann ist das ein ziemlicher Erfolg.

Die Schwarzwaldklinik war sogar der Grund dafür,
weshalb ich später für einige Semester Medizin studierte.
Denn für meinen Vater war der Beruf des Arztes das Zeichen für Aufstieg. Den Job hat einer meiner Brüder übernommen, der heute hocherfolgreich als Oberarzt und
Leiter der Geriatrie im örtlichen Krankenhaus im niedersächsischen Sögel arbeitet. Ich merkte aber sehr bald, dass
das Studium nichts für mich war, und schmiss daher hin.
Mein Vater nahm es mit Gelassenheit.

Die gefühlte deutsche Leitkultur ist natürlich immer
auch eine Projektion. Es geht um unsere Emotionen, um
unsere Hoffnungen, unsere Ängste und Sorgen, um die
Liebe zu und Verbundenheit mit unserem Land. Es geht

darum, ob und wie wir in Deutschland glücklich sind und uns hier wohlfühlen. Dieses positive Grundgefühl kann man nicht festschreiben. Wir können nur versuchen einen allgemeinen Konsens hinzubekommen, wie wir uns das Zusammenleben in unserem Land vorstellen. Wie wir miteinander umgehen wollen und was wir als unsere neuen gemeinsamen Bräuche, Feste und unsere Alltagskultur ansehen wollen. Ich finde, dass Deutschland sich in den letzten Jahrzehnten in eine sehr gute Richtung entwickelt hat. Umso sensibler reagiere ich darauf, wenn auf einmal viele Bürger dieses Landes den Grundkonsens unserer Gesellschaft infrage stellen. Wir dürfen uns das Erreichte nicht kaputtreden lassen. Niemand sollte unser in langen Jahren gewachsenes Gesellschaftsmodell in den Dreck ziehen dürfen. Von Menschen, denen offensichtlich nicht an einem friedlichen Miteinander gelegen ist, sondern die unsere Gesellschaft spalten wollen. Wir dürfen den Hetzern nicht tatenlos zusehen, sondern müssen uns aus unseren bequemen Sesseln erheben und laut und deutlich Stellung beziehen.

KAPITEL 5

NULLTOLERANZ

New York, Anfang der 1990er Jahre. Die Riesenmetropole hat ein schlechtes Image. Schuld daran ist vor allem die Kriminalität. Die Stadt gilt als einer der gefährlichsten Orte der USA. An die 200 000 Junkies gibt es in der Stadt. Dass ihren Dealern je das Handwerk gelegt werden würde, daran glaubt hier kein Mensch mehr. Die Gefängnisse platzen so schon aus allen Nähten. In einem einzigen Jahr wurden laut Polizeistatistik 626 182 New Yorker Opfer eines Verbrechens. Das ist fast jeder zehnte Bewohner. Einige Stadtteile sind zu No-go-Areas geworden. Das Verbrechen greift wie eine Krake auf immer mehr Viertel über. Auch in den vornehmeren Stadtteilen kommt es auf einmal zu Autodiebstählen, zu Vandalismus, zu Drogendelikten. Die Gewaltschwelle sinkt. Erste Bewohner ziehen aus Angst fort, überlassen ihre Stadtviertel dem Verbrechen. Anfang der neunziger Jahre herrscht in New York Ratlosigkeit und Verzweiflung.

»Wenn ich Bürgermeister bin, werde ich dafür sorgen, dass dieses Gelichter verschwindet und eure Kinder sicher zur Schule kommen.« Diese Worte ließen aufhören. Ge-

sprochen hatte sie ein Mann, dem man sie auch abnahm.
Rudolph (Rudy) Giuliani hatte bereits als Staatsanwalt
Mafia-Bosse und korrupte Wirtschaftslenker hinter Gitter
gebracht. Der republikanische Kandidat für das Amt des
Bürgermeisters machte mit seinem Konzept der »Zero
Tolerance« Wahlkampf – einer Nulltoleranz-Politik also.
Das bedeutet konkret: Die Polizei schreitet bereits ein bei
Bagatelldelikten und auch bei Ordnungsverstößen, die
noch keinen Straftatbestand darstellen – aggressives Bet-
teln, öffentliches Herumlungern, Alkoholkonsum in der
Öffentlichkeit. Zerbrochene Fensterscheiben, die nicht
sogleich wieder repariert werden, so lautete die Theorie
hinter dem Konzept, sind immer der Anfang von Ver-
wahrlosung und Gewalt in einem Stadtteil.

Mit seinem Wahlprogramm hatte der Politiker Giuliani
Erfolg. Er gewann 1994 die Wahl und machte sich sofort
an die Umsetzung seiner angekündigten Politik. Mit sicht-
barem Erfolg. Bereits im Frühjahr 1995 war die Zahl der
Morde in New York um 40 Prozent zurückgegangen.
Kaum jemand hatte sich vorstellen können, dass mit
einem rigiden Law-and-Order-Kurs die Kriminalität tatsächlich in den Griff zu bekommen sei. Bei Personenkon-
trollen, die jetzt auch wegen kleinerer Delikte wie Falsch-
parken durchgeführt werden, stellen die Polizisten jede
Menge Waffen und Drogen sicher. Das löst eine Kettenre-
aktion aus – neue Kriminelle werden abgeschreckt, den
»Alteingesessenen« wird immer mehr der Boden entzo-
gen. Giulianis Konzept geht auf, die positiven Folgen sind

bis heute spürbar. Im Jahr 2016 sank die Kriminalitätsrate auf ein historisches Tief. Heute gilt New York als eine der sichersten Städte der USA.

Rudy Giulianis Nulltoleranz-Konzept fand international große Anerkennung und viele Nachahmer. Interessant dabei ist, dass der vermeintliche Hardliner privat ein sehr weltoffener, toleranter Mensch ist. In Interviews schwärmt er davon, dass New York eine wunderbare Stadt sei, in der Millionen Menschen aus aller Welt friedlich zusammenlebten. In manchen Ecken von New York, so Giuliani, könne man 200 Sprachen hören. Doch Rudy Giuliani hat die andere, die dunkle Seite der Stadt selbst kennenlernen müssen. Er wuchs auf in Brooklyn, in der Nähe des Prospect Park, der seinerzeit in der Hand von Straßenräubern und Dealern war. Auch in Queens hatte er einige Jahre gelebt, bevor er schließlich in der Bronx auf die Schule gegangen war. Kriminalität, den Verfall der Stadtviertel kannte er aus eigener Anschauung. Und daraus hat der Politiker dann seine Schlüsse gezogen.

* * *

Ich kenne Menschen, die ebenfalls in schwierigen Stadtvierteln aufgewachsen sind und die wie Giuliani zu der Überzeugung gelangt sind, dass nur ein hartes und konsequentes Durchgreifen gegen Kriminelle, gegen Straftaten Erfolg bringen kann. In der aktuellen Diskussion um Kriminalität, die im Zuge der Einwanderungswelle neue

Nahrung erhält, in der Diskussion darüber, wie mit ausländischen Terroristen in Deutschland umzugehen ist, höre ich gerade aus den betroffenen Bevölkerungsgruppen die Forderung, es müsse endlich gehandelt werden. Kriminelle Ausländer müssen abgeschoben werden. Es sind bezeichnenderweise die Flüchtlinge selbst, die sich wünschen, dass kriminelle Landsleute sofort zurück in ihre Heimatländer geschickt werden. Auch Berliner mit muslimischen Wurzeln drängen darauf, dass salafistische Gefährder konsequent verfolgt werden müssen. Sie fordern, dass Vereine geschlossen werden, in denen Scharfmacher und Hassprediger aktiv sind. Ich kann diese Mitbürger verstehen. Viele haben Angst, dass die kriminellen Flüchtlinge ihre eigenen Bleibechancen verringern. Andere beklagen sich, dass durch die vielen negativen Vorfälle ihre Stadtviertel in Verruf geraten und ihren Kindern die Zukunftschancen verbaut würden. Und sie haben recht damit. Unter der Kriminalität leiden die betroffenen Milieus selbst am meisten. Nicht die wohlhabenden Touristen, denen im Menschengedränge das Portemonnaie geklaut wird, oder die Reichen in den luxuriöseren Vierteln, denen in der Nacht jemand die Wohnung ausräumt. Wenn in Berlin-Neukölln, dem Münchner Hasenbergl oder in der Dortmunder Nordstadt kriminelle Banden ihr Unwesen treiben, dann sind zuallererst die Menschen in diesen Stadtteilen betroffen. Für sie hat es deshalb absolute Priorität, dass unerbittlich und sofort gegen das Verbrechen vorgegangen wird.

Ich selbst bin im Berliner Stadtteil Spandau aufgewachsen, am westlichsten Zipfel der Hauptstadt also. Dort im sozialen Brennpunkt Heerstraße-Nord. In einem weißen Plattenbau. Durch das Viertel zogen damals die unterschiedlichsten Gangs. Es gab die Polen, die Russen. Dann tauchten Neonazis auf. Ihnen gegenüber standen wiederum die türkischen und arabischen Cliquen. Schlagringe waren nicht selten im Einsatz. Einer bei uns im Viertel bunkerte bei sich im Keller sogar Uran. Die Polizei kam irgendwann dahinter und nahm den Mann fest. Meine Kindheit und Jugend dort am geographischen und sozialen Rand der Metropole war mit Sicherheit keine leichte. Trotzdem würde ich sagen, es war eine schöne Kindheit. Ich bereue nicht, dass ich dort, in diesem rauen, harten, nicht ganz ungefährlichen Kiez aufgewachsen bin. Denn der Kiez hat mich geprägt. Meine Lebenswirklichkeit heute hängt natürlich auch mit den Erfahrungen aus den Jahren in der Heerstraße-Nord zusammen. Und eines ist klar: Wer die Unsicherheit am eigenen Leibe erlebt hat, der sehnt sich nach Ordnung und klaren Regeln.

Ich habe diese klaren Regeln für mich in der Arbeitswelt gesucht und gefunden. Etwas zum Festhalten, zum Hochziehen. Schon früh habe ich begonnen, mir kleinere Jobs zu suchen. Schon als Kind habe ich Zeitungen ausgetragen, mal hier, mal dort einen Aushilfsjob angenommen. Die ersten paar Mark verdient, auch wenn es anfangs nur sporadisch war und dabei nicht viel zusammenkam. Aber alleine die Aussicht, mit meiner Hände Arbeit etwas verdienen zu können, für meine Arbeit belohnt zu werden,

wenn man so will eine Perspektive zu haben, nämlich
durch Fleiß und Engagement aufsteigen zu können – das
hat mir Halt gegeben. Die Hoffnung, dass es irgendwann
bergauf geht, wenn ich nur durchhalte und mich anstren-
ge. Später habe ich einen Job in einer Fast-Food-Kette angenommen, da war ich noch auf dem Gymnasium. Ich
habe dort täglich Stunden um Stunden gerackert, Frikadellen gewendet, die Tische abgeräumt und in der Küche
geputzt. Es war keine leichte Arbeit, aber sie hat mir als
Teenager Selbstvertrauen gegeben. Ich hatte klare Arbeits-
zeiten, eine klare Verdienststruktur und klare Aufstiegs-
chancen. Das motivierte mich. Und es ließ mich die Ent-
behrungen, die der neue Fulltime-Job bedeutete, kaum
spüren. Oft trafen wir uns mit den Freunden, saßen zusammen und quatschten. Die Clique machte sich dann
irgendwann auf in die Disco, und ich schlüpfte in meine
Montur und ging arbeiten.

Für einige galt ich damals sicher als Spaßbremse. Ich
selbst fand in meiner Arbeit aber Bestätigung. Im Lauf
der Jahre stieg ich die Karriereleiter hoch. Ich begann als
einfacher Mitarbeiter, war irgendwann Küchenchef, dann
zweiter Assistant Manager, dann erster. Es ging noch höher, zum stellvertretenden Store Manager und Store Manager, und schließlich war ich für die ganze Firmengruppe
zuständig. Mit dem Aufstieg änderte sich auch meine Kleidung. Zuerst trug ich das blau-rot gestreifte Hemd, ab dem
Küchenchef wechselte ich zu Blau. Am Ende trug ich ein
weißes Hemd, das Zeichen dafür, dass ich in der Hierarchie

der Fast-Food-Kette oben angekommen war. Es mag ein bisschen kindisch klingen, aber diese kleinen Details, die Auszeichnung durch eine neue Form von Kleidung oder Farbe, das hat mich damals stolz gemacht. Auch meine Eltern waren stolz auf mich, hatten sie doch gesehen, dass ich mich anstrengte und dass ich für diese Mühe auch belohnt wurde. Wenn ich heute an diese Zeit zurückdenke, dann wird mir klar, wie wichtig für mich damals dieses klare Raster war. Die klar definierten Aufstiegsmöglichkeiten und die dafür mehr oder weniger eindeutig umrissenen Anforderungen. Wenn man so will, eine Ansage, was gewünscht ist und was nicht. Das gefiel mir. Ordnung und klare Regeln sind etwas Gutes. Sie müssen aber auch tatsächlich gelten, und sie müssen durchgesetzt werden. Das ist es, was ich damals in der Heerstraße-Nord gelernt habe. Und das ist es auch, was wir von Rudolph Giuliani lernen können.

Für die *neue deutsche Leitkultur* heißt das: Unser Regelwerk hat nur Sinn, wenn die Regeln darin auch gelten. Dies ist momentan nicht der Fall. Denn es gibt zur Zeit genügend Menschen in Deutschland, die permanent gegen unsere Regeln verstoßen. Allerdings werden sie dafür kaum belangt. Wenn wir nicht wollen, dass unser gesellschaftliches Modell ernsthaft bedroht wird, dann darf das so nicht weitergehen. Sonst werden auch wir den »Broken Windows«-Effekt zu spüren bekommen. Erst wird gegen das Gebot der Toleranz verstoßen, indem Beleidigungen in den sozialen Medien gepostet oder auf Plakate geschmiert

werden. Dann wird gegen das Verbot der Holocaust-Leug-
nung verstoßen oder irgendwelche Extremisten fordern
die Einführung der Scharia für Deutschland. Irgendwann
brennt ein Asylbewerberheim. Andernorts werden Ban-
ken beschmiert, Autos angezündet oder Molotow-Cock-
tails auf Juwelierläden geschmissen. Und irgendwann
kommt es zum ersten Toten. Auch bei den anti-demokratischen, den fremdenfeindlichen und rassistischen, den
anti-kapitalistischen, den anti-aufklärerischen und rück-
wärtsgewandten Kräften gibt es eine Spirale der Radikalisierung.

Genau wie bei den Verbrechern mit Schlips und Krawatte – den Wirtschaftskriminellen und den Steuerflücht-
lingen – ist entschiedenes Vorgehen geboten. Sie schädi-
gen unser Gemeinwesen genauso wie jeder kleine Dieb,
Einbrecher oder Hehler. Auch sie verstoßen gegen unsere
zentralen Werte. Und bei ihnen werden ebenfalls Limits
verschoben, vom undeklarierten Gehaltsbonus bis zur
dubiosen Familienstiftung in Liechtenstein. Auch hier ist
eine Art von Eskalation zu beobachten. Generell gilt – wir
müssen sofort reagieren, wenn gegen unsere Verhaltens-
regeln verstoßen wird.

Konkret bedeutet das: Wenn bei Pegida-Aufmärschen in
Dresden Demonstranten Galgen-Attrappen herumtragen
mit Zetteln daran, die besagen »Reserviert – Angela Merkel«, »Reserviert – Sigmar Gabriel«, dann ist das ein nicht
zu tolerierender Verstoß gegen unsere Leitkultur. Solches
Verhalten muss konsequent geahndet werden. Wir haben

es hierbei wahrlich nicht mit Witzeleien oder Dumme-Jungen-Streiche zu tun. Einen Galgen herumzutragen und zu fordern, hochrangige Politiker daran aufzuknüpfen, ist der Straftatbestand der Volksverhetzung. Wenn solche Taten nicht bestraft werden, ziehen sie neue Taten nach sich. Und beim nächsten Mal werden diese Leute einen Schritt weitergehen. Hier gilt: Nulltoleranz!

* * *

Seit einigen Jahren beobachtet das Bundesamt für Verfassungsschutz eine beängstigende Entwicklung. So verzeichnet der Inlandsgeheimdienst einen »exorbitanten Anstieg« rechtsextremistischer Gewalt. Daneben beobachten die Verfassungsschützer eine »zunehmende Anschlussfähigkeit« des Rechtsextremismus. Insgesamt steige die Akzeptanz von Gewalt und Militanz in Teilen der Bevölkerung, heißt es. Die Grenzen würden verschoben, Rechtsextremisten schlichen sich unter Demonstranten, nutzten die Wut in der Bevölkerung über die Flüchtlinge in Deutschland aus und machten so extreme Positionen gesellschaftsfähig. Kaum merklich wird so eine eigentlich gebrandmarkte und isolierte Ideologie ins Zentrum der gesellschaftlichen Mitte gerückt. Es ist wie ein stetiges Gift, das langsam durch die Adern unserer Gesellschaft fließt und dessen zersetzende Kraft wir langsam begreifen.

Die Radikalisierung verläuft wie überall schleichend. Es beginnt mit Gewaltphantasien im Internet. In der Anonymität des Netzes werden Rachepläne geschmiedet und Fremde, Asylbewerber, Flüchtlinge entmenschlicht. Ungeniert beschreien Scharfmacher die »Überfremdung« Deutschlands, warnen inzwischen auch regelmäßig die Verfassungsschützer. Selbsternannte Retter der Nation prophezeien gar einen »Volkstod«. Kein normal denkender Mensch kann so etwas ernst nehmen. Nur wenn die Leute Angst haben, sind sie für derlei Schauermärchen empfänglich. Und dann ist die Gefahr sehr schnell real.

Im Zuge der Einwanderungswelle der vergangenen Jahre haben sich die rechtsextremistischen Gewaltdelikte innerhalb eines Jahres teilweise versechsfacht. Inzwischen gibt es etwa 12 000 gewaltbereite Rechtsextremisten in Deutschland. Insgesamt schätzt man die rechtsextreme Szene auf fast 23 000 Personen. Das entspricht einer mittelgroßen Stadt wie dem bayerischen Starnberg oder dem schleswig-holsteinischen Husum. Für mich eine gruselige Vorstellung.

Beunruhigend ist dabei vor allem, dass die Zahlen wieder ansteigen, nachdem der rechtsextreme Personenkreis in Deutschland jahrelang abgenommen hatte. Genauso wie die braunen Gewalttaten, die inzwischen zunehmen und im Jahr 2015 bei 1400 Fällen lag. Ein besorgniserregender Wert.

Die Gewalt richtet sich dabei längst nicht mehr allein gegen Neuankömmlinge. Im Fokus stehen nicht nur die Asylsuchenden, sondern inzwischen auch Politiker, Journalisten und Menschen, die sich für Flüchtlinge engagieren. Neonazis legen Listen an, auf denen unerwünschte Personen geführt werden – mit Adresse, Telefonnummer und anderen Daten. Konkret werden Vereinsheime, Nachbarschaftstreffs und die Büros von Politikern genannt, die als Angriffsziele ausgegeben werden. Mit gravierenden Folgen. So kam es bereits mehrfach zu Übergriffen auf Bundestagsabgeordnete. In Dortmund wurde in das Büro einer Linken-Abgeordneten mit einer Pistole geschossen, in Hoyerswerda, Merseburg und Nauen – um nur einige Beispiele zu nennen – attackierten Neonazis die Räume von Bundestagsabgeordneten verschiedener Parteien. Zurück blieben aufgesprühte Nazi-Symbole und Drohbriefe. Für den deutschen Inlandsgeheimdienst steht fest, dass die Rechtsextremisten konsequent eine Strategie der Eskalation verfolgen. »Für sie sind bürgerkriegsähnliche Zustände nur eine Frage der Zeit, für die sie bereits jetzt vorschlagen, Vorkehrungen zu treffen, beispielsweise in Form von Bürgerwehren oder auch durch Bewaffnung.« So heißt es beim Verfassungsschutz.

Und selbst vor Mordanschlägen auf offener Straße wird inzwischen nicht mehr zurückgeschreckt. Dazu brauchen wir uns nicht auf den sogenannten Nationalsozialistischen Untergrund (NSU) zu beschränken. Im Oktober 2015 attackierte ein Mann die damalige CDU-Kandidatin für den Posten des Kölner Oberbürgermeisters auf einem Wochenmarkt mit einem Messer. Henriette Reker überlebte zum Glück, aber es war haarscharf. Teile Sachsens, Mecklenburg-Vorpommerns oder auch Brandenburgs entwickeln sich zu immer gefährlicheren Orten. Wenn Horden von rechtsextremen Hooligans Flüchtlinge durch die Bautzener Innenstadt jagen und mit Messern und Pistolen bedrohen, dann haben wir ein ernsthaftes Problem in unserem Land.

Wir haben einfach viel zu lange zugesehen, wie sich Teile der Jugendlichen, ganze Teile der Bevölkerung radikalisieren und den demokratischen Konsens aufkündigen. Besonders schlimm ist die Stimmung in Sachsen. Dort stimmen nach einer aktuellen Umfrage inzwischen 58 Prozent der Menschen der Aussage zu: »Die Bundesrepublik ist durch die vielen Ausländer in einem gefährlichen Maß überfremdet.« Wie kommen die Menschen darauf? Laut Statistik ist der Ausländeranteil nach wie vor am höchsten in den Stadtstaaten und am geringsten in den neuen Bundesländern. Zwischen Plauen und Görlitz leben kaum Fremde, und Muslime oder Juden wohnen hier, wenn überhaupt, nur vereinzelt. Es geht also um rein subjektive Wahrnehmungen, die mit der Wirklichkeit nicht viel zu tun haben müssen.

Deutschlandweit halten 18 Prozent die Bundesrepublik für »überfremdet«. Das sind immer noch zu viele. In einigen Teilen Deutschlands könnte man zumindest objektive Gründe für eine solche Wahrnehmung finden. Nehmen wir westdeutsche Großstädte wie Frankfurt am Main oder Düsseldorf. Dort leben in der Tat sehr viele Ausländer, Zugezogene (25 bzw. rund 20 Prozent). Hier könnte man es zumindest nachvollziehen, wenn die Einwohner das

Gefühl haben, dass ihnen die Stadt »fremd« wird. Nur hat dieses Gefühl in Städten wie Frankfurt oder Düsseldorf kaum jemand. Dafür eben in Sachsen (wo der Ausländeranteil bei etwa 4 Prozent liegt). Der Aussage »Muslimen sollte die Zuwanderung nach Deutschland untersagt werden« stimmen im Freistaat 39 Prozent zu, deutschlandweit 16 Prozent.

Nur noch einmal zur Erinnerung: Ein generelles Einreiseverbot für Muslime verstößt gegen das Grundgesetz. Daran gibt es nichts zu deuteln. Das nur am Rande. Denn nun kommt der eigentliche Hammer: »Was Deutschland jetzt braucht, ist eine starke Partei, die die Volksgemeinschaft insgesamt verkörpert.« Das sagen in Sachsen 62 Prozent, insgesamt 23 Prozent der deutschlandweit Befragten. Diese letzte Zahl muss uns wirklich zu denken geben. Zwei Drittel aller Sachsen wollen eine autoritäre, offenbar nationalistische Partei, und deutschlandweit will das jeder Fünfte! So weit waren wir schon einmal in Deutschland. Damals hat das diese Gesellschaft in den Abgrund geführt.

Die Zahlen aus der Studie sind für mich ein Warnschuss. Aber sie helfen mir auch zu verstehen, wie die Bevölkerung gegen bestimmte Ideen und Verführungen womöglich immunisiert werden kann. Denn der große Unterschied zwischen Deutschland insgesamt und den Zahlen in Sachsen kommt ja nicht von ungefähr. Die Sachsen sind schließlich nicht dümmer oder bornierter als andere Deutsche. Nein, Tatsache ist, es wurde dort in den vergangenen Jahren

einfach schlecht regiert. Wenn in einem Bundesland ein
Vierteljahrhundert lang eine rechtsextremistische Jugend-
kultur als normal hingenommen wird, wenn sogar geför-
dert wird, dass friedliebende Bürger fortziehen, während
nichts gegen die Neonazis unternommen wird, die diese
Bürger bedrohen (wie etwa in Hoyerswerda geschehen),
wenn Demokratie-Projekte und Anti-Rechts-Kampagnen
finanziell ausbluten und gleichzeitig die Schule das Thema
Nazidiktatur ausklammert, dann braucht man sich über
die Folgen nicht zu wundern. Die Umfragewerte spiegeln
das Versagen der Demokraten in dem ostdeutschen Bundesland wider, sie spiegeln das Versagen der sächsischen
Landesregierungen seit 1990 wider. Hier muss ein Umdenken stattfinden – allerdings nicht nur in Sachsen.

Hakenkreuz-Schmierereien sind eine Straftat und gehören bestraft. Der Hitlergruß ist hierzulande verboten
und muss geahndet werden. Holocaust-Leugner gehören
vor Gericht. Und es ist ganz egal, ob es sich dabei um
einen prominenten Politiker handelt oder den Nachbarn
von der Ecke. Wenn ein rechtsextremer Funktionär vor
einer grölenden Menschenmenge sagt: »Wir Deutschen
sind das einzige Volk der Welt, das sich ein Denkmal der
Schande in das Herz seiner Hauptstadt gepflanzt hat« –
dann ist das nicht nur faktisch falsch (es gibt etwa auch in
den USA Mahnmale, die an die Sklaverei oder den Mord an
den indianischen Ureinwohnern erinnern), sondern dann
ist das gezielte Demagogie. Das dürfen wir nicht nur nicht
unwidersprochen lassen, wie Sigmar Gabriel forderte, das

müsste auch klare juristische Folgen haben. Ich würde in einem solchen Fall daher dringend dafür plädieren, die Immunität eines gewählten Abgeordneten aufzuheben. Auch hier gilt: Nulltoleranz!

* * *

In meiner ersten Zeit als Angestellter in dem Schnellrestaurant habe ich nicht nur gelernt, wie wichtig klare Regeln und Ordnung für das eigene Leben sein können. Ich habe auch etwas über den alltäglichen Rassismus kennengelernt. Ein Ereignis ist mir besonders in Erinnerung geblieben. Es war an einem Nachmittag. Ich war noch ganz neu in dem Job. Ich stand am Grill und wendete die Frikadellen, horchte immer mit einem Ohr zum Kassenbereich hin, damit ich ja keine Order verpasste. Einige Meter weiter, an der Spüle, arbeitete ein älterer Mann, der noch nicht sehr lange in Berlin war. Er sprach mit starkem englischen Akzent, ein Schwarzer. Wie ich erfahren hatte, verdiente er sich ein paar Mark als Komparse bei Filmdrehs. Denn eigentlich war er ausgebildeter Schauspieler, der aber vor einiger Zeit aus seiner Heimat London nach Berlin gekommen war und sich nun mehr schlecht als recht durchschlug. Den Grund erfuhr ich später von ihm. Bei einem Autounfall war seine komplette Familie umgekommen, weswegen er die Zelte in Großbritannien abgebrochen hatte und noch einmal völlig neu beginnen wollte. Er war wohl Ende fünfzig, Anfang sechzig. Und er nahm sein

Schicksal erstaunlich gefasst, ich habe ihn jedenfalls nie klagen hören. Ich mochte ihn sehr. Auf jeden Fall stand er an jenem Nachmittag nicht weit entfernt von mir am Spülbecken, in der einen Hand den großen Schlauch mit Sprühkopf, und reinigte unsere Küchenutensilien. Dabei summte er eine Melodie. Er war offensichtlich gut gelaunt. Doch das schien unserem Schichtleiter nicht zu gefallen. Der stürmte auf einmal zur Küche herein und schrie: »Was singt der Bimbo denn da? Wir sind hier in Deutschland. Halt gefälligst das Maul!«

Der Vorfall schockierte mich. Ich begann zu zittern. Innerlich sträubte sich alles in mir gegen dieses unwürdige Verhalten. Ich wollte diesem miesen Schauspiel nicht einfach so zuschauen. Ich hatte das Gefühl, meinem Kollegen beistehen zu müssen. Ich nahm also all meinen Mut zusammen und ging zu den beiden in die Küche. Ich sagte, dass man so nicht mit einem Mitarbeiter umspringen könne und dass der Mann doch nichts Schlimmes getan habe. Der Schichtleiter verlor schlagartig das Interesse an dem Schwarzen. Er drehte sich zu mir um. Er schien richtig Freude zu haben, nun an mir seinen Unmut auslassen zu können. Wir standen zwischen Tresen und Büro, und er kam bedrohlich auf mich zu. Nun schimpfte er auf mich ein: »Für dich ist Feierabend. Du kannst gehen. Du bist gefeuert. Pack deine Sachen und verzieh dich!«

Ich war am Boden zerstört. Sprachlos. Das konnte doch alles nicht wahr sein. Wie in Trance ging ich zu dem Automaten, wo man sich ausstempeln musste. Um danach meine Sachen zu holen und zu gehen. Da stand auf einmal der Inhaber des Restaurants hinter mir. »Was machen Sie denn da?«, fragte er mich. »Ich stempele mich aus. Ich soll gehen.« »Legen Sie die Karte weg und arbeiten Sie weiter«, sagte der Besitzer des Ladens ruhig. Ich sah den Mann an. Ich war so erleichtert, ich hätte ihn am liebsten umarmt. Aber Dragan Mitrovski, so hieß der Inhaber, hatte sich schon wieder seiner Arbeit zugewandt. Er war kein Mann der vielen Worte. Als Junge war er mit seinem Vater aus Serbien nach Deutschland gekommen, wo die Eltern ein jugoslawisches Restaurant eröffnet hatten. Mitrovski war sozusagen in die Branche hineingeboren worden. Sein Weg verlief nicht immer leicht. Er wusste sehr genau, was es hieß, sich etwas aufbauen zu müssen. Er wusste aber auch ganz genau, was es heißt, nicht immer willkommen zu sein. Nur mit Fleiß und großem Durchhaltewillen und eiserner Selbstdisziplin hatte er sich durchsetzen können. Denn er musste immer besser sein als die anderen. Das war das Los der ersten und zweiten »Gastarbeiter«-Generation. Später, als ihm bereits der Schnellrestaurant-Laden, in dem ich arbeitete, und noch einige andere gehörten, war er zum Vorsitzenden aller Lizenznehmer der Fast-Food-Kette in Deutschland aufgestiegen.

Eine beachtliche Karriere. Aber er war nicht nur ein guter Geschäftsmann. Er war und ist es bis heute – eine Persönlichkeit. Er ist serbisch-orthodoxer Christ, hat in seiner Kirche auch immer wieder wichtige Positionen in der Laienvertretung bekleidet. Und er besitzt vor allem

einen untrüglichen Sinn für Gerechtigkeit. Irgendwann
ist Dragan Mitrovski in die SPD eingetreten, um sich auch
politisch zu engagieren.

Mitrovski war mein großes Vorbild. Als Teenager schaute ich zu ihm auf. Was mich vor allem bei ihm beeindruck-
te, war seine Zurückhaltung, seine normale, umgängliche
Art. Manchmal, wenn das Restaurant brechend voll war
und überall der Müll herumstand, dann ging Mitrovski
selbst zu den Tischen und räumte sie ab. Oft bin ich dann
zu ihm hingespurtet und wollte ihm die Arbeit abnehmen,
aber er sagte nur: »Nee, nee, Herr Saleh, lassen Sie mal. Ich
mache das schon.« Diese Uneitelkeit verbunden mit großer Professionalität hat mich stark beeindruckt. Manchmal, wenn es in der Politik wieder überhaupt nicht klappt,
wenn alles irgendwie aus dem Ruder zu laufen droht
oder nicht zusammenpasst, dann denke ich an Dragan
Mitrovski und die Zeit in dem Schnellrestaurant zurück.
Und dann komme ich immer zu dem Schluss, dass es für
alles eine Lösung gibt. So wie damals, als er mich und damit auch den schwarzen Kollegen in Schutz genommen
hatte.

Der Schichtleiter sollte später dann gewissermaßen
auch noch Karriere machen, allerdings nicht in der Gas-
tronomie, sondern in rechten Kreisen. Irgendwann reichte dem Mann das Pöbeln im persönlichen Umfeld offenbar nicht mehr. Er trat verschiedenen rechtsextremen
Organisationen bei, bis er schließlich einer Vereinigung
vorstand, die vom Verfassungsschutz beobachtet wurde.

Diese Truppe wollte er zu einer Art Miliz ausbauen, natürlich gegen Ausländer, Flüchtlinge, Muslime. Auf Facebook pöbelte er jetzt öffentlich gegen Zugezogene, Andersgläubige, Minderheiten allgemein. Schwarze bezeichnet er grundsätzlich als »Bimbos«, Asylbewerber als »Parasiten«. Dafür erhält er reichlich Gefällt-mir-Klicks und wutentbrannt-zustimmende Kommentare.

Wir müssen viel selbstbewusster und entschiedener gegen die Feinde unserer Demokratie vorgehen. Gegen die Gefährder von rechtsaußen genauso wie gegen die Feinde unseres Gesellschaftssystems von links oder aus dem fundamentalistisch-religiösen Lager. Denn in ihrer Gefährlichkeit nehmen sich diese Personen nicht viel. Auch wenn die Zahl der Linksextremisten in Deutschland inzwischen leicht rückläufig ist, 26 700 linke Verfassungsfeinde sind weiterhin eine beunruhigende Größenordnung. Dazu kommt, dass auch auf der linken Seite die Zahl der Gewaltbereiten zunimmt. Wenn mittlerweile fast 8000 Personen deutschlandweit als gewaltbereite Linksextremisten eingestuft werden, dann kann uns das nicht egal sein.

Wie schnell es gehen kann, dass Protest ausartet und es zu pogromähnlichen Zuständen kommt, konnte man vor wenigen Jahren beobachten. Im März 2015 wurde während eines Tages die halbe Frankfurter Innenstadt in den Ausnahmezustand versetzt. Es war der Tag, als das neue Gebäude der Europäischen Zentralbank eingeweiht wurde. Die linke Szene hatte das Ereignis als Fanal genutzt und massiv mobil gemacht. In den Fernsehnachrichten sah man Rauchschwaden durch das Bankenviertel ziehen und Vermummte, die in den Straßen marodierten und Angst und Schrecken verbreiteten. Der Verfassungsschutz zählte damals vier versuchte Tötungsdelikte. Zu ähnlichen Vorfällen kam es auch rund um den Protest gegen den Braunkohletagebau in Garzweiler oder bei den Kundgebungen rund um den G7-Gipfel im bayerischen Elmau. Auch hier kam es zu Sachbeschädigung und Hausfriedensbruch, bis hin zu gezielten Attacken auf Menschen, auf Baggerfahrer und Polizisten. Dies hat mit politischem Protest nichts mehr zu tun. Auf Internet-Plattformen wie linksunten. indymedia.org bekennen sich Linksextremisten freimütig zur Gewalt: »Wir rufen auf zu Anschlägen auf alle Behörden, deren Zweck es ist, Menschen nach ihrer Verwertbarkeit im Kapitalismus zu sortieren und alle Überflüssigen abzuschieben«, liest man dort etwa. »Wir rufen allerorten auf zu Anschlägen auf Infrastruktureinrichtungen aller Art, die dazu dienen, die Normalität und Ordnung aufrechtzuerhalten.«

Wer so etwas schreibt, nimmt offensichtlich billigend in Kauf, dass unschuldige Menschen sterben. Solche Personen verhalten sich schlicht kriminell. Sie haben mit einer aufgeklärten Gesellschaft, mit Demokratie und Rechtsstaat nichts mehr gemein. Dass diese Leute ungehindert ihre Botschaften verbreiten können, ist nicht hinnehmbar.

Genauso wenig ist es hinnehmbar, wenn auf deutschem Boden die Konflikte anderer Länder ausgetragen werden. Gewalttätige Auseinandersetzungen wie etwa die zwischen Schiiten und Sunniten und auch importierte Konflikte wie aus der Türkei, wo Kurden und AKP-Anhänger sich blutige Auseinandersetzungen liefern, haben bei uns einfach nichts zu suchen. Gleiches gilt für gewaltbereite Islamisten, die unsere Verfassung ablehnen und gezielt bekämpfen. »Unter Berufung auf den Islam zielt der Islamismus auf die teilweise oder vollständige Abschaffung der freiheitlichen demokratischen Grundordnung der Bundesrepublik Deutschland ab«, heißt es in einem Text des Bundesamts für Verfassungsschutz. Besonders gefährlich ist dabei die radikal-salafistische Szene in Deutschland. Gerade orientierungslose, wenig gefestigte Jugendliche sind hier anfällig, denn die Salafisten geben sich als eine moderne Gegenkultur aus, die den Jugendlichen Halt bieten und Perspektiven aufzeigen. Indem sie zugleich gegen die Verfassung der Bundesrepublik wettern, gegen alle weltlichen Institutionen und staatlichen Autoritäten, bereiten sie den Nährboden für Extremisten. Auch hier gilt: Nulltoleranz!

* * *

Wir müssen die Jugendlichen in unserer Gesellschaft vor Demagogen und Hasspredigern jeder Couleur schützen. Wir müssen den jungen Leuten nahebringen, dass unsere Lebensart und unser Gesellschaftsmodell etwas ganz Besonderes ist, das es zu schützen gilt, das es aber auch immer wieder zu verbessern gilt. Wir müssen den jungen

Menschen in Deutschland erklären, dass die *neue deutsche Leitkultur* ein Schutz für uns alle ist und gleichzeitig die Möglichkeit zu unserer Selbstverwirklichung. Eine Möglichkeit, dass wir alle unsere Träume träumen können und die Chance bekommen, diese auch zu verwirklichen. Wer nicht bereit ist, mit auf diesen Weg zu gehen, der stellt sich gegen unsere Demokratie. Damit stellt er sich gegen uns alle, gegen die gesamte deutsche Gesellschaft. Und dabei spielt es keine Rolle, ob diese Demokratiefeindlichkeit rechtsextrem, linksextrem, islamistisch oder sonstwie motiviert ist. Gegner unserer Verfassung müssen in die Schranken gewiesen werden. Und wir müssen uns endlich trauen zu sagen: Diese Menschen stehen außerhalb der deutschen Leitkultur. Sie gehören zu unserer modernen, demokratischen, aufgeklärten deutschen Gesellschaft nicht dazu. Sie sind ganz einfach schlechte Deutsche! Dies müssen wir öfter deutlich aussprechen. Nur leider hat sich das bislang kaum einer der marktschreierisch eine deutsche Leitkultur fordernden konservativen Politiker getraut zu sagen. Weder ein Schönbohm, noch ein Merz, noch ein Seehofer und auch nicht der Bundesinnenminister. »Etwas kommt zu kurz bei de Maizière«, beobachtete klug *Die Welt.* »Auch sogenannte Biodeutsche bedrohen zunehmend unsere friedlich-freiheitliche Leitkultur, an beiden Rändern des politischen Spektrums.« Und weiter heißt es: »Wir sind nicht Burka. Wir sind aber auch nicht Springerstiefel.« Besser kann man es kaum auf den Punkt bringen. Wir dürfen keine falsch verstandene Toleranz mit denen haben, die unser System verachten. Das ist im Interesse aller 82 Millionen Bürger unserer Republik. Also: Nulltoleranz!

* * *

In einer Parlamentsdebatte sagte Canan Bayram von den Grünen kürzlich im Berliner Abgeordnetenhaus: »Ich glaube, wir brauchen Integrationskurse für integrationsunwillige Deutsche, die unser Grundgesetz nicht verstanden haben.« Eine kluge Bemerkung. Genau darum geht es. Wir müssen die Unwilligen – egal ob Alteingesessene oder Zugezogene – wieder an unsere Werte heranführen. Gleichzeitig aber müssen wir auch auf die Resistenten den Druck erhöhen. Wir hatten in Berlin eine sehr lobenswerte Jugendrichterin, Kirsten Heisig. Die mutige und aufrechte Juristin hat das sogenannte Neuköllner Modell entwickelt. Aus ihren jahrelangen Erfahrungen mit Intensivtätern hat Heisig ihre Schlüsse gezogen und Handlungsoptionen herausgearbeitet. Einer der wichtigsten Punkte: Bei kleineren Delikten muss die Strafe auf den Fuß folgen. Denn laut Heisig bringt es nichts, wenn Jugendliche für ihren Ladendiebstahl sechs, acht oder zehn Monate später belangt werden. Heisig hat das einmal so beschrieben: Das ist, wie wenn ein Kind für eine Dummheit drei Wochen später Fernsehverbot bekommt. Das kann nicht funktionieren. Ähnlich wichtig ist es, dass den Delinquenten klar wird, weshalb sie bestraft werden. Eine erzieherische Kom-

ponente muss also dazukommen. Sozialarbeiter, Jugend-
richter und Polizisten müssen enger zusammenarbeiten
und Informationen untereinander austauschen. Ganz zentral ist jedoch, dass die Strafen überall gleich angewandt
werden. Es kann also nicht sein, dass in Nord-Neukölln
auf Handydiebstahl ein halbes Jahr Jugendgefängnis steht,
im Süden des Bezirks dagegen einige Stunden gemeinnüt-
zige Arbeit verhängt werden.

2009 habe ich in Berlin-Spandau mit anderen Mitstrei-
tern den Verein »Stark ohne Gewalt« gegründet. Dabei
handelt es sich um ein Gewaltpräventionsprojekt für Jugendliche zwischen zehn und achtzehn Jahren. Die Idee
dahinter ist, dass den Jugendlichen Alternativen zur Gewalt aufgezeigt werden müssen. Dass die Teenager dringend lernen müssen, dass Reden immer besser ist als
Schlagen. Das Leitmotiv unseres Vereins lautet: »Wer stark
ist, braucht keine Gewalt.« Vordringliches Ziel ist dabei,
dass wir den Jugendlichen zeigen wollen, dass jeder irgendwelche Stärken hat und dass er auf diese stolz sein
kann. Zudem erläutern wir den Teilnehmern, dass, selbst
wenn eine Situation als ausweglos empfunden wird, es
immer eine Alternative zu Gewalt gibt. Egal ob in der Klasse, im Freundeskreis oder auf der Straße, das Wichtigste
ist, miteinander zu reden und zu versuchen, den anderen
zu verstehen. Wenn die Jugendlichen dazu bereit sind,
dann ist schon viel erreicht. Ich erinnere mich noch daran,
wie groß der Widerstand gegen das Projekt anfangs war.
»Warum tust du dir das an?«, fragten mich Freunde und

Bekannte. »Gib dich doch nicht mit diesen Kleinkriminellen ab«, sagten einige unverblümt. Die Leute haben den Kopf geschüttelt, als sie hörten, dass wir junge Menschen gemeinsam mit der Polizei auf Streife schicken wollten, um den Austausch zwischen Ordnungshütern und Jugendlichen zu fördern. Aber nach und nach wurde die Kritik leiser. Am Ende wurde ich vom damaligen Berliner Innensenator Erhart Körting sogar zum Ehrenkommissar ernannt – eine Auszeichnung, über die ich mich wirklich gefreut habe.

Was heißt das alles für unsere *neue deutsche Leitkultur*? Wir können aus der Prävention und der Bekämpfung von alltäglicher Kriminalität lernen, wie wir mit den Gegnern unserer politischen, unserer gesellschaftlichen Ordnung umgehen müssen. Denn diejenigen, die unsere Werte missachten, müssen wir klar in die Schranken weisen. Nein, mehr noch, wir müssen ihnen den Kampf ansagen. Übertragen auf unser Problem heißt das »Neuköllner Modell«: 1) Wenn Menschen in Deutschland gegen Werte und Normen verstoßen, die unsere Leitkultur ausmachen, müssen wir sofort reagieren und ein deutliches Zeichen setzen. 2) Wir müssen unsere Haltung immer wieder erklären und denjenigen zu vermitteln versuchen, die gegen die Regeln verstoßen. 3) Verstöße gegen unsere Verfassung müssen überall in Deutschland gleichermaßen verfolgt werden – in Sachsen also genauso wie etwa in Nordrhein-Westfalen. Wir müssen den Verfassungsfeinden klare Schranken setzen – und zwar von der ersten kleinen

Grenzüberschreitung an. Meistens bedeutet das, einfach den Mut aufzubringen und die Person offen zu kritisieren für ihre Aussagen, Beschimpfungen oder Pöbeleien. Bei schwereren Verstößen, wenn es um Hetzparolen geht, Diffamierungen, die Leugnung des Holocaust, müssen die rechtlichen Möglichkeiten voll ausgeschöpft werden.

Mindestens genauso wichtig wie ein konsequentes Durchgreifen ist aber die Prävention. Wir müssen den Menschen erklären, wie schützenswert unsere Demokratie und unser Rechtsstaat sind. Wir müssen viel Überzeugungsarbeit leisten, keine Frage. Es bleibt uns nichts anderes übrig, als immer wieder mit den Menschen zu reden. Aber unser oberster Leitspruch muss in Zukunft lauten: Nulltoleranz mit Intoleranten!

KAPITEL 6

WIR POLITIKER SIND GEFRAGT

Ich habe noch immer das Bild vor Augen. Es war im Herbst. Ich war siebzehn. Ich war leicht verschwitzt von der Arbeit aufgebrochen und befand mich auf dem Weg zur Bushaltestelle der Linie 97, die die Alstadt Spandau mit den Außenbezirken der Stadt verbindet – als ich sie sah. Eine Gruppe von Halbwüchsigen: kahlgeschorene Schädel, Bomberjacken, Springerstiefel. Offenbar wollten sie denselben Bus nehmen wie ich. Sie hatten mich schon bemerkt und grinsten fies zu mir herüber. Es sollte wohl heißen, komm uns lieber nicht zu nahe. Mir war mulmig zumute. Anfang der neunziger Jahre kam es auch in Spandau immer wieder zu Ausschreitungen mit Neonazis. Damals schon sprachen diese Typen davon, dass sie »Räume zurückerobern« wollten. Später nannten sie das: »national befreite Zonen schaffen«. Als ich die Kerle jetzt sah, war ich hin- und hergerissen. Einerseits wollte ich natürlich nicht verdroschen werden. Andererseits wollte ich mir meine Freiheit nicht nehmen lassen. Ich hatte auch meinen Stolz. Warum sollte ich vor diesen Typen kuschen?

Ich ging also die letzten paar Meter zu der Bushaltestelle, und es passierte – nichts. Zwar schauten mich die Skinheads weiterhin feindselig an. Aber weder machte mich jemand blöd an, noch wurde einer von ihnen handgreiflich.

Wir stiegen dann alle in den Bus ein. Eigentlich wäre ich in dem Doppeldeckerbus in die zweite Etage gegangen und hätte mich hinten in die letzte Reihe gesetzt – das waren die begehrtesten Plätze für Teenager damals. Dorthin waren aber soeben die Neonazis gegangen. Ihnen zu folgen, dafür reichte mein Mumm dann doch nicht. Ich setzte mich stattdessen direkt hinter den Busfahrer. Sicher war sicher. Trotzdem war ich mit meinem Verhalten sehr zufrieden. Ich hatte mich nicht einschüchtern lassen. Das war schon mal was, das musste reichen.

Wie sehr dieses Erlebnis meine eigene Wahrnehmung, meine Verortung in der deutschen Gesellschaft beeinflusst hat, zeigt, dass ich mich an diesen eigentlich ziemlich banalen Vorfall noch immer so genau erinnere.

Es gibt einen zweiten Vorfall mit Neonazis, an den ich mich ebenso detailliert erinnere. Er ereignete sich eine ganze Weile später – 2006, im Hochsommer, Ende Juni, Anfang Juli – während meines ersten Wahlkampfs. Schon seit mehr als zehn Jahren hatte ich mich damals in der SPD Spandau engagiert. Ich war eingetreten, weil ich mich in das politische Leben meiner Heimatstadt einmischen wollte. Es bringt nichts, immer nur alles besser wissen zu wollen, man muss selbst anpacken, so meine Überlegung. Was für einen großen Teil meines Lebens die Politik einmal ausfüllen würde, hätte ich mir da nicht erträumen lassen. Zu Beginn mischte ich mich vor allem bei der Arbeitsgemeinschaft Migration der SPD ein. Wir entwickelten wichtige Projekte, wie wir unsere Gesellschaft offener, toleranter und gerechter gestalten könnten. Wir waren voller Optimismus, malten in rosigen Farben ein Bild der Zukunft, wie wir auch bei uns in Spandau eines Tages alle verständnisvoll und friedlich miteinander leben würden, ohne Ansehen der Herkunft, Religion oder Hautfarbe. Wir machten uns Gedanken über die Wortwahl, wie Menschen mit einer familiären Einwanderungsgeschichte korrekt zu bezeichnen seien und so weiter. Aber irgendwie spielte sich das alles im Elfenbeinturm ab. Allerdings wollte ich wirklich etwas bewegen. In das Räderwerk unserer Gesellschaft eingreifen, wenn man so will auch die Machtfrage stellen. Lange Zeit wurden Deutsche mit Wurzeln im Ausland in sämtlichen Parteien quasi automatisch »migrationspolitische Sprecher«. Das war wohl am bequemsten so. Mir ging das extrem auf die Nerven. Ich fand es auch unfair. Zum Glück hat sich das heute geändert – und zwar bis in die höchsten Ämter des Staates. So kümmert sich heute bei der Grünen-Fraktion im Bundestag ein Abgeordneter mit einem iranischen Pass um das so wichtige Feld der Außenpolitik. Ähnlich sieht es bei der Linken aus, wo eine türkischstämmige Parlamentarierin aus Duisburg, deren Eltern aus der Türkei eingewanderte Kurden sind, die Internationalen Beziehungen betreut. Bei der CDU wurde ein Halb-Brite mit doppelter Staatsbürgerschaft Minister-

präsident von Niedersachsen, und zu seiner Frauen- und
Sozialministerin machte er eine Frau mit türkischen
Wurzeln. Die FDP berief einen gebürtigen Vietnamesen
zum Bundesaußenminister und Vizekanzler. Und in der
SPD sieht es nicht anders aus: Wir hatten eine General-
sekretärin mit iranischen Wurzeln, ihre Nachfolgerin hat
britische Wurzeln, die Staatsministerin für Migration im
Kanzleramt hat einen türkischen Migrationshintergrund,
mit Karamba Diaby stellen wir den ersten Bundestagsabgeordneten, der in Afrika geboren wurde, und auch im
ersten grün-roten Kabinett in Baden-Württemberg saß für
die Sozialdemokraten eine Ministerin, die in der Türkei geboren wurde. Auch in der SPD-Fraktion im Berliner Abgeordnetenhaus ist es inzwischen recht bunt geworden: Wir
haben Parlamentarier mit belgischen, kamerunischen,
bosnischen und türkischen Wurzeln. Fast jeder Fünfte
hat in unserer Fraktion einen Migrationshintergrund, was
dem Schnitt in der Bevölkerung schon recht nahekommt.
Es tut sich also was in unserem Land, gerade auch was die
politische Vertretung der Zugewanderten betrifft.

Aber 2006 sah das noch etwas anders aus. Damals hatte mir ein Parteifreund geraten, mich um ein Mandat zu
bewerben. Der Parteifreund wurde später auch zu einem
richtigen Freund. Einem sehr guten sogar, was relativ
selten ist in der Politik. Er heißt Hans-Georg Lorenz, wird
von allen aber nur H. G. genannt. Lorenz saß 26 Jahre lang
für die SPD im Abgeordnetenhaus. Nicht nur unter den
Sozialdemokraten in Berlin war er eine Instanz, eine mo-

ralische Leitfigur. Er war jemand, der immer nahe bei den Menschen war. Trotzdem wirkte er bisweilen kühl und reserviert. Mit seiner Goldkette wäre er auch auf Mallorca nicht sonderlich aufgefallen, mit seinem gediegenen Zweireiher mit Weste, Einstecktuch und Taschenuhr allerdings schon.

H. G. war mein Förderer, wenn man so will mein Mentor in der Partei. Ohne ihn wäre ich niemals dorthin gelangt, wo ich heute bin. Und damals, 2006, schickte er mich auf die Straße, damit ich mein erstes Mandat für das Abgeordnetenhaus verdiente. Die Idee reizte mich. Ich liebe Herausforderungen, und so wollte ich es probieren. In jeder freien Minute, vor der Arbeit, nach der Arbeit, am Wochenende, war ich also an den Infoständen der SPD. Zusammen mit meiner Genossin Burgunde Grosse und mit anderen Kolleginnen wie Susanne Pape oder Gisela Grotzke verteilte ich Flyer, Kaffee, rote Rosen. Wir klebten Plakate. Diskutierten mit Menschen. Von vielen erhielten wir Zuspruch, aber wir wurden auch angepöbelt. An eine Person kann ich mich noch ganz genau erinnern. Es war im alten Spandauer Arbeiterbezirk, der Neustadt. Neben einer Filiale der Sparkasse. Es war ein muskelbepackter junger Mann, der sich provokativ vor unseren Stand stellte und uns böse anstarrte. Irgendwann bin ich zu ihm hingegangen. Meine Genossen am Stand beobachteten mich skeptisch, wahrscheinlich hatten sie Angst, dass der Mann gewalttätig werden würde. Aber der junge Mann war zunächst mal überrascht, dass jemand von uns das

Gespräch mit ihm suchte. Wir unterhielten uns ein bisschen. Wie alte Kumpels hatten wir uns gleich aufs Du geeinigt. Dann kam er zum Punkt. »Über uns Deutsche redet keiner mehr!«, stieß er hervor. Genauer erklären, wie er das meinte, konnte er nicht. Und wollte es auch gar nicht. Ihm reichte es, seine schlichte Meinung einmal ausgesprochen zu haben.

Ich fragte ihn: »Bist du ein Rechter?«

Er: »Nein, ich bin nicht rechts.«

Die Antwort überraschte mich denn doch ein wenig, immerhin hing der Mann mit ziemlich eindeutigen Kerlen herum. Mit den Glatzen und Bomberjackentypen in Spandau. So viel wussten wir bereits.

Ich sagte zu ihm: »Wir sind von der SPD. Interessierst du dich für Politik?«

Er ging gar nicht darauf ein: »Ihr seid doch alle gegen uns!«

Wir unterhielten uns noch eine Weile. Dabei verriet er mir, dass er bei Shahin, einem bekannten Boxlehrer in meinem Kiez, in der Sportschule sei. Irgendwann verabschiedete er sich, und ich ging zu meinem Team zurück. Die meinten nur: »Das ist doch ein Nazi!« Dem konnte ich nicht widersprechen, aber ich war froh, dass ich trotzdem das Gespräch gesucht hatte.

Von diesem Zeitpunkt an kam der Mann immer wieder an unseren Stand. Und immer redeten wir kurz. Meist über die Boxschule und die Kämpfer dort. Shahin war unser verbindendes Element. Jedes Mal gab ich ihm mit auf den Weg: »Schöne Grüße an Shahin.« Einmal sprach ich ihn darauf an, dass es doch etwas eigenartig sei, bei den Neonazis rumzuhängen und danach zu einem Türken in die Boxschule zu gehen. Daraufhin schwieg er. Man sah ihm an, dass ihm die Sache zu denken gab.

Der Wahlkampf war dann vorbei, aber Infostände machten wir weiterhin, wenn auch nicht mehr so regelmäßig. Ab und an kam der Mann noch vorbei, aber irgendwann sah ich ihn nicht mehr. Später erfuhr ich von einem Bekannten, was aus ihm geworden war. Anscheinend hatte er die Neonazi-Szene verlassen. Er hatte Arbeit in einer Werkstatt gefunden – bei einem türkischen Automechaniker. Ob ich dazu beigetragen habe, dass er den Rechtsextremen den Rücken gekehrt hat, weiß ich nicht. Ich bilde es mir manchmal ein. Auf jeden Fall hat mir der Vorfall eins gezeigt: Wir müssen viel mehr mit den Leuten sprechen. Auch über politische Gräben hinweg. Denn in unserem Land mangelt es an echter Kommunikation. Wir twittern herum und teilen wie die Weltmeister im Internet Textbausteine, Infos und Fotos. Aber wirkliche Gespräche, von Angesicht zu Angesicht, kann nichts ersetzen. Das gehört für mich auch zur Leitkultur dazu, dass wir miteinander streiten. Unseren Standpunkt erläutern und ihn auch verteidigen. Dass wir unser Gesicht zeigen. Zeigen, dass wir bereit sind, für unser Weltbild, für unsere Vorstellungen von Gesellschaft einzustehen.

Diese beiden Erlebnisse haben bis heute mein politisches Tun geprägt. Erst vor wenigen Monaten kam mir die Geschichte mit dem türkenfreundlichen Skinhead erneut in den Sinn. Ich stand wieder einmal – mein dritter Wahlkampf – an den Ständen der SPD in Spandau, unter Schirmen, neben Werbetafeln. Wir schenkten Kaffee aus, erläuterten unsere Politik für Berlin, und manchmal beobachteten wir auch den politischen Gegner. In diesem Fall die AfD. Die Partei hatte ihren Werbestand in der Altstadt, mitten auf dem Markt. Als ich dort einmal vorbeischlenderte, sah ich einen Mann, im Gespräch mit den AfD-Leuten. Er trug eine rote Latzhose – deswegen fiel er mir vielleicht nur auf – und gestikulierte heftig.

Später, als ich wieder an unserem Stand auf der Kolkbrücke war – im sozial weitaus konfliktreicheren Viertel der Spandauer Neustadt also –, beobachtete ich erneut den Mann mit der roten Latzhose. Er kam auf uns zu und blieb in einem gewissen Abstand stehen. Zumindest neugierig schien er zu sein. »Hällöchen, Tagchen«, rief ich in seine Richtung. »Wollen Sie Infos von uns haben?« Der Mann in der Latzhose schüttelte den Kopf. »Nee, schon entschieden.« Ich trat näher. Er schreckte etwas zurück. »Entschuldigung«, sagte ich, »ich habe Sie vorhin bei der AfD gesehen. Darf ich fragen, warum Sie da waren?«, wollte ich wissen und lächelte ihn aufmunternd an. Der Mann überlegte einen Moment, und dann ratterte er einen Haufen Gründe herunter. Nicht so belehrend, klare Linie, klare Ansagen. Irgendwas in der Richtung. Dabei wurde seine Stimme immer lauter und aggressiver. Ich fragte ihn noch, wo er herkomme und was er mache. Er sei Hausmeister, in der Neustadt. »Ja, ich werde jetzt die AfD wählen«, sagte er zum Abschied. Dann war er weg.

Ich hatte nicht erwartet, den Mann je wiederzusehen. Doch eines Tages war er wieder da. Es war irre heiß, das weiß ich noch, und wir waren froh, wenigstens unter unserem SPD-Schirm etwas Schatten zu bekommen. Da tauchte er auf einmal auf, mit der roten Latzhose. Wieder blieb er einige Meter vor unserem Stand stehen. Dann knipste er sich seine E-Zigarette an und blickte den Rauchwölkchen in der Luft hinterher. Mit jedem Zug an seiner Zigarette rückte er einen Schritt weiter an unseren Stand heran, bis er praktisch direkt neben mir stand.

»Hallöchen, Tagchen«, begrüßte ich ihn wieder. »Ich habe Sie gleich wiedererkannt.« Erneut taxierte er mich misstrauisch. »Wie heißen Sie?« »Micha«, blaffte er. »Okay, Micha«, sagte ich. »Wie ist denn die Stimmung bei Ihnen im Viertel?« »Scheiße«, kam sofort zurück. »Absoluter Frust, viele Arbeitslose.« Sehr gesprächig war er nicht, aber immerhin hatte er den Kontakt gesucht. Vielleicht war bei ihm noch nicht alles verloren. Ich versuchte also, ihm unsere Politik zu erklären. Was wir ändern wollten. Was wir niemals ändern würden. Und warum wir Politik so machen, wie wir sie eben machen. Ich erklärte ihm auch, dass wir bestimmte Überzeugungen hätten. Dass die SPD für diese Überzeugungen schon seit mehr als 150 Jahren kämpft, und dass wir uns von so einer windigen Truppe wie der AfD nicht einschüchtern ließen.

Von da an kam Micha regelmäßig bei uns vorbei. Ich

hätte nie gedacht, dass Wahlkampfstände so attraktiv sein können. Jedes Mal unterhielten wir uns über politische Themen. Micha erzählte von seinen Erfahrungen als Hausmeister und ich von meinen als Politiker. Und eines Tages passierte dann das für mich Unvorstellbare. Micha trat dicht an mich heran und flüsterte: »Ich bin jetzt nicht mehr national.« Offenbar war es ihm etwas peinlich. »Ich bin jetzt nur noch sozialistisch.« Und er wollte jetzt in die SPD eintreten. Ich war völlig perplex, aber ich freute mich riesig. Seitdem unterhalte ich mich öfters mit dem Genossen Micha. Der Hausmeister aus der Spandauer Neustadt packt gerne mit an, jederzeit kann man ihn anrufen, und er hilft beim Verteilen von Broschüren oder beim Aufbau für Podien und Ähnlichem. Er sitzt jetzt auch oft mit neuen Freunden zusammen. Mit Mohammed aus dem Jemen oder Mirko aus Serbien. Mit Zugezogenen hätte er sich früher privat nie abgegeben. Aber Micha, der Hausmeister mit der roten Latzhose, hat sich eben verändert.

Aus der Episode mit Micha habe ich zwei Sachen gelernt: Erst einmal, wie wichtig und entscheidend das Gespräch von Angesicht zu Angesicht ist. Und zum Zweiten, dass man keinen Menschen zu früh abschreiben darf. Auch wenn Micha anfangs den Eindruck machte, für die demokratischen Parteien nicht mehr erreichbar zu sein – er war es ganz offensichtlich. Auch stramme Rechte können in den Schoß der Demokratie zurückgeholt werden. Das dürfen wir nie vergessen. Unser Leben wird dadurch nicht einfacher. Denn es heißt, dass wir viel Arbeit vor uns haben. Es zeigt aber auch, dass niemand für unsere Werte, für unsere Ideen und unsere Gesellschaft verloren ist. Es sollte also die Anstrengung wert sein.

Sehr inspirierend ist in dieser Hinsicht für mich der Italiener Antonio Gramsci. Der Sohn eines albanischstämmigen Leutnants der Gendarmerie wurde 1891 auf Sardinien geboren und sollte zu einem der wichtigsten Vordenker der kommunistischen Bewegung Italiens werden. Er war Abgeordneter, wurde von den Faschisten ins Gefängnis geworfen, gründete die Kommunistische Partei Italiens mit und verfasste unzählige Pamphlete, wissenschaftliche und philosophische Aufsätze und Bücher. Ein zentraler Punkt in seinem Denken ist der Begriff der »kulturellen Hegemonie«. Er besagt, dass das Zusammenleben in einer Gesellschaft nicht durch bloßen Zwang erreicht werden kann, sondern nur durch einen Grundkonsens von »zustimmungsfähigen Ideen«. Das bedeutet für die Politik: Wer in einem Land regieren will, der muss die Köpfe erobern. Es geht um die »Vergesellschaftung« von Ideen, wenn man so will. Gramcsi schreibt: »Eine neue Kultur zu schaffen bedeutet nicht nur, individuell ›originelle‹ Entdeckungen zu machen, es bedeutet auch und besonders, bereits entdeckte Wahrheiten kritisch zu verbreiten, sie sozusagen zu ›vergesellschaften‹ und sie dadurch Basis vitaler Handlungen, Element der Koordination und der intellektuellen und moralischen Ordnung werden zu lassen.« Je klarer, einleuchtender und überzeugender diese Ideen sind, umso mächtiger wird sich ihre Bindekraft in der Gesellschaft auswirken. Gerade versuchen die Angstmacher, die Abschotter und Ausgrenzer ihre angeblich neuen, aber in Wahrheit uralten Ideen unters Volk zu bringen – vor allem in sozial schwachen Teilen der Bevölkerung, auch bei den weniger Gebildeten. Hier müssen wir ansetzen. Wir dürfen es den Hetzern und Scharfmachern nicht durchgehen lassen, dass sie ein Zerrbild unseres Landes zeichnen und so erfolgreich die Verängstigten ködern. »Man muss nüchterne, geduldige Menschen schaffen, die nicht verzweifeln angesichts der schlimmsten Schrecken und sich nicht an jeder Dummheit begeistern«, forderte Gramsci schon vor neunzig Jahren. Seine Warnungen wurden nicht gehört, auch Italien schlitterte in die Diktatur und in den Krieg.

Auch Gramsci ging es um eine Leitkultur – eine Kultur des sozialen Miteinanders. In der Zeitung *Il grido del popolo* schrieb er im Januar 1919: »Wir müssen uns abgewöhnen und aufhören, die Kultur als enzyklopädisches Wissen zu verstehen, wobei der Mensch nur als ein Gefäß gesehen wird, das mit empirischen Daten angefüllt und vollgepfropft werden muss, mit nackten und zusammenhanglosen Fakten, die er dann in seinem Gehirn wie in den Abschnitten eines Wörterbuchs rubrizieren muss. Wirkliche Kultur ist etwas völlig anderes. Kultur ist Disziplinierung des eigenen inneren Ichs, Inbesitznahme der eigenen Persönlichkeit und die Erlangung eines höheren Bewusstseins, mit dem man dazu kommt, den eigenen historischen Wert zu verstehen, die eigene Funktion im Leben, die eigenen Rechte und Pflichten.« Laut Gramsci geht es darum, »die reale Gegenwart kohärent und auf einheitliche Weise zu denken«.

Dies sollte auch eine zentrale Überlegung für unsere *neue deutsche Leitkultur* sein. Wir müssen versuchen, unser Bild der Gesellschaft zu teilen und mehrheitsfähig zu machen. Es geht darum, dass der Zustand unseres Landes, seine Veränderungen, seine (aktuelle und sich immer wieder ändernde) Bevölkerungsstruktur, die Dynamiken und Kräfte, die hierzulande wirken, dass diese gesellschaftlichen Gegebenheiten kühl und genau analysiert werden müssen, um dann die Geschichte unserer Gesellschaft neu zu schreiben. Realistischer. Wir dürfen nichts beschönigen, aber auch nichts schlechtreden. Antonio Gramsci forderte einen »Pessimismus des Verstandes« und einen »Optimismus des Willens«. Es ging ihm darum, sich von aktuellen Entwicklungen nicht verschrecken zu lassen, sondern den Blick immer nach vorne gerichtet zu halten und das Ziel nicht aus den Augen zu verlieren.

Eine funktionierende Gesellschaft, das ist für Gramsci eine Gesellschaft von selbstbewussten Individuen. Interessant ist, wie er dieses Selbstbewusstsein definiert: »Sich selbst zu kennen, will heißen, sein eigenes Sein zu leben, will heißen Herr seiner Selbst zu sein. Und das kann man nicht erreichen, wenn man nicht auch die anderen kennt, ihre Geschichte, die Anstrengungen, die sie unternommen haben, um das zu werden, was sie sind.«

Dies ist für mich ein ganz entscheidender Punkt. Wir müssen immer auch die Gedanken der anderen, nicht nur in den eigenen Reihen, sondern auch die unserer politischen Mitbewerber *mit*denken. Nur so erreichen wir einen breiten Konsens darüber, wie wir uns unsere Gesellschaft vorstellen und in welche Richtung wir sie weiterentwickeln wollen. Für Gramsci war klar, dass ein solcher Konsens über Parteigrenzen hinweg immer auch bedeutet, dass man sich kompromissbereit zeigen muss. Jeder muss etwas abgeben und bekommt dafür etwas von den anderen. So ist das nun einmal in einer Demokratie – und das ist auch gut so. Das ist im Idealfall kein Kuhhandel, sondern gemeinschaftlicher Entscheidungsprozess auf Augenhöhe.

Diese Arbeit am Konsens ist oft ein mühsamer Prozess und manchmal auch nur nervig. Aber was mich wirklich nervt, ist eine gewisse Haltung im links-alternativen Spektrum, die von vornherein jede Konsensbereitschaft verweigert. Ich meine diese völlige Ablehnung von Nation, von Patriotismus und von der Wertschätzung des eigenen Heimatlandes. Ehrlich gesagt, wenn ich das Werbeposter für eine Diskussionsveranstaltung in Frankfurt am Main sehe, mit dem Titel: »Nie wieder Deutschland!«, dann ärgert mich das. Ich finde solche Provokationen auch nicht lustig, sondern nur dämlich. Was für ein Problem haben diese Leute mit unserem Land? Und wenn ich aus dem gleichen Umfeld T-Shirts sehe, auf denen »Scheiß Deutschland« steht, dann bleibt mir nur noch die Spucke weg. Wo wollen diese Leute denn lieber leben? In Russland? Oder in Nord-Korea?

Das hat genauso wenig mit der Wirklichkeit in unserem Land zu tun wie die Propaganda der Rechtsaußengruppen. Hier wird momentan immer öfter das Bild gezeichnet, dass die öffentliche Meinung, das Klima in unserer Gesellschaft, ja die Politik den deutschen Politikern entglitten seien. Ganz Kühne behaupten sogar, das Volk habe sich sein Recht zu regieren einfach wieder zurückgeholt. Wenn Tausende Menschen durch Dresden marschieren und über die »Lügenpresse« schimpfen, wenn Pöbeleien und schändliche Propaganda die sozialen Medien verseuchen, dann ist das unerträglich. Diese ungute Entwicklung ist aber nicht aus dem Nichts entstanden. Es ist ein Märchen, dass sich »das Volk« von den politischen Eliten emanzipiert habe. Vielmehr ist es eher andersherum. Es waren gerade Politiker, die Volkes Stimme in eine ganz bestimmte Richtung gelenkt haben. Und es waren Politiker, die bestimmte radikale Meinungen erst salonfähig gemacht haben. Ich denke dabei nicht zuletzt an einen sogenannten Parteifreund von mir – Thilo Sarrazin.

Sarrazin war nie stromlinienförmig. Das zeichnet ihn bis zu einem gewissen Punkt auch aus. Der Mann saß in der Konzernspitze der Deutschen Bahn, wurde Berliner Finanzsenator, als welcher er mit Sachverstand und großer Durchsetzungsfähigkeit agierte. Später stieg er in den Vorstand der Bundesbank auf. Das ist schon was. Allerdings irritierten mich schon länger seine kruden Äußerungen, gerade zu sozialen Fragen. So behauptete er einmal in einer Talkshow, dass er die Beamtenpensionen völlig streichen

wolle. Einige Jahre später nahm er sich der Hartz-IV-Empfänger an. Vier Euro am Tag würden ausreichen, um sich
sattessen zu können, so tönte er. Er selbst könne das auf jeden Fall. Wieder ein Jahr später behauptete er, die Arbeitslosen seien alle Energieverschwender. Sie säßen ständig zu
Hause, hätten es gerne warm und würden trotzdem die
Fenster aufreißen. Diese Äußerungen fand ich nur bizarr.
Doch dann wurde es gefährlich.

Im September 2009 gab er der Zeitschrift *Lettre International* ein längeres Interview, in dem er sich zur Wirtschaftsund Migrationspolitik in Deutschland äußerte. Berlin sei
in seiner Gesinnung »eher plebejisch und kleinbürgerlich«,
hieß es auf einmal. In erster Linie die Zuwanderer aus der
Türkei und dem arabischen Raum hätten keinerlei Verlangen nach Integration, ja sie lehnten diese regelrecht ab.
Die Politik habe »keine Methode, diese Leute vernünftig
einzubeziehen«. Und dann entglitten ihm die Zügel völlig.
Es finde eine »fortwährende negative Auslese« statt. Jetzt
war Sarrazin nicht mehr zu halten. »Jemanden, der nichts
tut, muss ich auch nicht anerkennen«, sagte er. »Ich muss
niemanden anerkennen, der vom Staat lebt, diesen Staat
ablehnt, für die Ausbildung seiner Kinder nicht vernünftig
sorgt und ständig neue kleine Kopftuchmädchen produziert.« Auch Zahlen hatte er parat. Seine Beobachtung
gelte für 70 Prozent der türkischstämmigen und 90 Prozent der arabischstämmigen Bevölkerung in Berlin.

Als ich den Text zu Ende gelesen hatte, war ich sprachlos. Ich kannte Thilo Sarrazin recht gut aus dem Abgeord netenhaus. In der Fraktion saß er mir nur wenige Meter gegenüber, im Plenum liefen wir uns ständig über den Weg. Dass er kein einfacher Mensch war und immer für eine Überraschung gut, war mir schon klar. Aber solche Sprüche hatte ich noch nie von ihm gehört. Mit einem engen Vertrauten, dem Pankower Abgeordneten Torsten Schneider, diskutierte ich damals lange über den Text. Wir waren beide entsetzt darüber und fest entschlossen, diese Äußerungen nicht einfach auf sich beruhen zu lassen. Mit diesem Interview war unser ehemaliger Finanzsenator eindeutig zu weit gegangen. In den kommenden Tagen thematisierten wir die Sache in den verschiedensten Gremien der Partei. Aber niemand schien unsere Sichtweise teilen zu wollen, was uns ziemlich verwunderte. Für mich war völlig klar, dass Sarrazin damit gegen zwei ganz zentrale Punkte des sozialdemokratischen Selbstverständnisses verstoßen hatte: Kein Mensch darf nach seiner wirtschaftlichen »Nützlichkeit« beurteilt werden. Das verbietet uns schon der Artikel 1 des Grundgesetzes, der allen Menschen die gleiche Würde zuspricht. Und zum Zweiten ist es ein zentrales Mantra der SPD immer gewesen, dass der soziale Aufstieg für alle Menschen in Deutschland möglich sein muss. Indem er Millionen von Türkischstämmigen und Arabischstämmigen diese Möglichkeit absprach, verstieß er eindeutig gegen unsere Grundüberzeugungen. Aber zumindest in der Parteiführung wollte uns niemand folgen.

Schneider und ich berieten also, wie wir weiter verfahren sollten. Da mein Abgeordnetenkollege Jurist ist, kam er auf die Idee mit dem Parteiordnungsverfahren. Wir beantragten also, dass der SPD-Kreis Charlottenburg-Wilmersdorf, wo Sarrazin Mitglied war, über das Interview urteilen möge. Unser Argument, der Genosse Sarrazin verstoße gegen unsere Parteilinie, indem er Migranten die Fähigkeit und den Willen zur Integration abspricht, sollte also auf seine Richtigkeit überprüft werden. Wir waren fest überzeugt, dass das Kreisschiedsgericht überhaupt nicht anders könne, als Sarrazin zur Ordnung zu rufen. Um unsere Position noch zu unterstützen, hatten wir den Wissenschaftler Gideon Botsch vom Moses-Mendelssohn-Zentrum in Potsdam beauftragt, sich einmal die Äußerungen des Mannes anzuschauen. Einige Zeit später bekamen wir eine 21-seitige Analyse. Der Tenor war, dass es sich bei den Thesen Sarrazins um Sichtweisen handele, die sonst nur von anti-demokratischen, rechtsextremen Parteien in Deutschland vertreten würden. »Die beanstandeten Einlassungen von Dr. Thilo Sarrazin«, so das Ergebnis des Gutachtens, »sind in zentralen Passagen eindeutig als rassistisch zu betrachten.«

Wir fühlten uns in unserer Haltung bestärkt. Umso unverständlicher war die Reaktion, die unser Antrag auslöste. Überall wo wir hinkamen, wurden wir von Parteifreunden angeblafft. Heftiger Protest schlug uns entgegen. Plötzlich standen wir beiden Abgeordneten aus dem Berliner Landtag bundesweit im Scheinwerferlicht. Die Medien stürzten sich auf das Thema. Torsten Schneider gab dem ARD-Magazin *Report Mainz* ein Interview, mich holte der

Deutschlandfunk in eine Live-Sendung. Zig Zeitungen be-
richteten über unseren Antrag. »Das was du machst ist un-
klug«, zischte mir damals ein ehemaliger Regierender Bürgermeister ins Ohr. »Um es milde auszudrücken.« Andere
sagten: »Es hilft, öfter einmal den Mund zu halten.«

Wir hatten, ehrlich gesagt, nicht damit gerechnet, dass
das Thema so prominent in den Medien auftauchen würde. Aber ich bereute unseren Schritt nicht. Tief in meinem
Inneren fühlte ich, dass hier ein Unrecht geschehen war.
Und dagegen wollte ich vorgehen. Mein Vater hatte immer
gesagt: »Die SPD ist die Partei, die für uns da ist.« Was die
Parteispitze anging, hatte ich das Gefühl, dass das genaue
Gegenteil der Fall sei. Aber zum Glück sah es an der Basis
anders aus: Nachbarn, Bekannte, Passanten kamen auf
mich zu – auch sehr viele Sozialdemokraten –, die unser
Vorgehen begrüßten. Torsten Schneider und mir war es
darum gegangen, unsere Sichtweise darzustellen. Das war
uns gelungen. Jetzt mussten die Richter der Partei entscheiden. Es konnte ja nur eine Entscheidung geben – davon waren wir überzeugt.

Nach einigen Wochen bekamen wir dann die Antwort –
und fielen aus allen Wolken. Das Schiedsgericht der Partei
befand, Dr. Thilo Sarrazin habe nicht der Partei geschadet.
Im Gegenteil. Es wurde ihm sogar eine gewisse »Nützlichkeit« für die SPD beschieden! Die Debatte sollte auf einmal
»nützlich« für meine Partei gewesen sein.

Doch so schnell wollten wir uns nicht geschlagen geben.
Denn von einer Sache bin ich zutiefst überzeugt: Jemand

der über Unrecht schweigt, macht sich selbst schuldig! Mit dem nötigen Grimm im Bauch zogen wir daher vor das Landesschiedsgericht. Aber auch da wurde unser Antrag, den Genossen Sarrazin zur Ordnung zu rufen, abgewiesen. So desillusionierend die Erfahrungen mit den Schiedsgerichten meiner Partei auch waren, mit großem Stolz denke ich doch immer an die breite Unterstützung, die ich zumindest von der Basis der Berliner SPD erhalten habe.

Eine letzte bittere Erfahrung musste ich noch machen. Es war in den Fluren im Rathaus Wilmersdorf, kurz nach dem Schiedsspruch der Parteirichter. Während der Verhandlung hatte Thilo Sarrazin schon berichtet, dass ihm seine Aussagen alles andere als geschadet hätten. Die Leute auf der Straße würden ihn sofort erkennen, und sie beglückwünschten ihn. Später begegnete ich ihm auf dem Flur. Er grüßte freundlich und verließ breit grinsend das Gericht. Ich ärgerte mich. Denn ich hatte es nicht geschafft, aus einer Minderheitsposition eine Mehrheitsposition zu machen. Ich schwor mir damals, dass mir so etwas nicht wieder passieren sollte.

Aber das Kapitel Sarrazin war noch nicht abgeschlossen, was die SPD einige Monate später schmerzlich erfahren musste. Denn der Provokateur holte zum ganz großen Schlag aus. Sein Buch *Deutschland schafft sich ab* schlug ein wie eine Bombe. Es verkaufte sich mehr als eine Million Mal, und diesmal »nützten« Sarrazins Tiraden den Sozialdemokraten nicht mehr. Nach der Veröffentlichung des Buches kamen wutentbrannte Menschen zu mir. Eine Diskussion war kaum noch möglich, sie wollten einfach nur Dampf ablassen. »Die SPD können wir nicht mehr wählen!«, hieß es einhellig. Während der quälend langen Monate, die wir uns öffentlich mit dem Thema Sarrazin herumschlugen, verlor die SPD Hunderttausende Unterstützer. Die Menschen sagten: »Ihr seid doch für diesen Mann, sonst hättet ihr ihn längst aus der Partei geschmissen!« Dem konnte ich leider nichts entgegensetzen.

In seinem Buch verschärft der ehemalige Finanzsenator seine wirren Thesen noch. Er teilte die Menschen nicht mehr nur in »nützliche« und »unnütze«, er machte auch noch eine der untersten Schubladen auf, wo das zum Glück längst ad-acta-gelegte Material gewisser selbsternannter Rasseforscher lagerte. Sarrazin sprach also den arabisch- und türkischstämmigen Bürgern in Deutschland Intellekt und Fleiß ab, mit der Begründung, dass dies bei ihnen durch die Erbmasse bedingt sei. Er schwadronierte sogar von einem jüdischen Gen. Ich konnte es nicht fassen. Weil niemand diesen Mann gestoppt hatte, glaubte er wohl, er könne jetzt einfach jeden Schwachsinn behaupten.

Der Vorsitzende der SPD musste schließlich reagieren. In einer Talkshow verkündete Sigmar Gabriel, dass er nun ein Parteiordnungsverfahren gegen Sarrazin anstrengen wolle. Denn sein Parteifreund habe ganz eindeutig »eine rote Linie überschritten«, indem er teilweise »rassistisch« argumentierte. Nun, das waren mehr oder weniger meine Worte gewesen. Nur dass sie bis vor kurzem niemand hören wollte. Sondern bis eben hatte meine Partei dem Hetzer noch »Nützlichkeit« bescheinigt.

Die oberste SPD-Führung strengte also ein Parteiordnungsverfahren an. Aber auch sie hatte keinen Erfolg. Wahrscheinlich hatten wir Thilo Sarrazin einfach zu lange gewähren lassen, ihm nicht konsequent genug die Grenzen aufgezeigt. Sarrazin wurde nicht aus der Partei geschmissen. Am Ende kam es zu einer etwas dubiosen Einigung, ausgehandelt am Gründonnerstag 2011. Der Provokateur versprach, seine Äußerungen nicht zu wiederholen, dafür wurde das Verfahren eingestellt. Der Schaden für die SPD war da aber längst angerichtet.

Das Zeichen gegen Sarrazin hätte viel früher gesetzt werden müssen. Aber immerhin *hat* Sigmar Gabriel es gesetzt – besser spät, als gar nicht. In der Politik sind solche Zeichen und Signale von entscheidender Bedeutung. Auch symbolische Gesten gehören dazu. Sie bewirken oft mehr als viele Beteuerungen. Das weiß auch Gabriel, und als Bundesaußenminister hat er erst jüngst ein ganz wichtiges Zeichen gesetzt. Bei seinem Antrittsbesuch in den USA im Frühjahr 2017 ließ er es sich nicht nehmen, die Library of Congress, die Bibliothek des amerikanischen Parlaments, zu besuchen und dort die deutsche Fassung der Unabhängigkeitserklärung in zeitgenössischer Übersetzung aus dem Jahr 1776 in Augenschein zu nehmen. Und er las aus dem Dokument laut vor: »Wir halten diese Wahrheiten für ausgemacht, dass alle Menschen gleich erschaffen worden, dass sie von ihrem Schöpfer mit gewissen unveräußerlichen Rechten begabt worden, worunter sind Leben, Freiheit und das Bestreben nach Glückseligkeit.«

Damit wollte Gabriel auch auf symbolische Weise deutlich machen, dass uns mit den USA, wie er sagte, »ein moralisches Wertegerüst« verbindet. Gerade in Zeiten wie diesen seien »universelle Werte« von größter Bedeutung. Mit seiner Geste in Washington, D.C., hat mich Sigmar Gabriel etwas versöhnt mit dem Verhalten der SPD im Fall Sarrazin. Ich wünsche mir nur viel häufiger solche klaren Bekenntnisse und deutlichen Zeichen.

Ein Zeichen gegen die Stimmungsmache und Hetze, die in unserem Land (und nicht nur in unserem) so sehr überhandgenommen haben, können wir auch dadurch setzen, dass wir betont ruhig und besonnen handeln und uns nicht von der Stimmungsmache anstecken lassen. Machen wir uns also eines klar: Auch in den Reihen der AfD sitzen nicht nur Rechtsextreme und Neonazis. Einer der Vorsitzenden war einmal Büroleiter eines CDU-Ministerpräsidenten in Hessen, bevor er die Seiten wechselte. Ein Gründer der Partei stand über Jahrzehnte bei der *Frankfurter Allgemeinen Zeitung* unter Vertrag, die auch nicht unbedingt als rechtspopulistisches Kampfblatt bekannt ist. Wieder ein anderer reüssierte als Wirtschaftsprofessor, bevor er von der wutschnaubenden Dampfwalze, die er selbst zusammenmontiert hatte, schnell überrollt wurde. Wie bereits gesagt: Die populistische, anti-demokratische Front, die wir gerade in Deutschland erleben, hat das politische Establishment selbst losgetreten. Jetzt muss diese

Wutwelle kanalisiert und in geordnete Bahnen gelenkt werden. Und auch das kann das politische Establishment hinbekommen, wenn es nur will.

Einige Monate nach der leidvollen Geschichte mit Thilo Sarrazin saß ich wieder einmal neben Klaus Wowereit, dem die Entwicklung, die die Sache genommen hatte, auch nicht gefallen hatte. Er sah mich an und sagte: »Unsereins trägt viele Narben davon.« Ich wusste sehr genau, was er meinte. Und er hat recht. Aber wie heißt es so schön: Was uns nicht umbringt, macht uns stark.

* * *

Viel wird momentan über »Fake News« geredet, über gezielte Fehlmeldungen – gerade in den sozialen Medien. Es heißt, dass wir in einem »postfaktischen« Zeitalter leben würden. Auch wieder so eine Behauptung, die, einmal in die Welt gesetzt, kaum mehr angezweifelt wird. Erfundene Nachrichten, falsche Behauptungen und Verleumdungen sind ja nun wahrlich keine Erfindung unserer Zeit. Die gibt es, solange es die Menschheit gibt. Vielleicht werden sie momentan nur schneller unters Volk gebracht, weil es mit dem Internet so leicht geworden ist.

Kürzlich fiel mir durch Zufall ein Roman in die Hände, den wir seinerzeit in der Schule gelesen hatten. *Fabian*, von Erich Kästner. Ich blätterte etwas hinein und blieb an einer Stelle im dritten Kapitel hängen. Fabian besucht einen befreundeten Zeitungsjournalisten. Sie stehen zusammen in den Redaktionsräumen. Ein Volontär kommt vorbei und macht den Redakteur, Münzer heißt er, darauf aufmerksam, dass es noch eine Spalte zu füllen gebe. Der altgediente Journalist setzt sich hin und verfasst kurzerhand eine Meldung: »In Kalkutta fanden Straßenkämpfe zwischen Mohammedanern und Hindus statt. Es gab, obwohl die Polizei der Situation sehr bald Herr wurde, vierzehn Tote und zweiundzwanzig Verletzte. Die Ruhe ist vollkommen wiederhergestellt.« Entrüstet entgegnet der Jüngling, dass das doch nicht gehe. Nachrichten einfach so zu erfinden. Darauf Münzer: »Die Unruhen haben nicht stattgefunden? Wollen Sie mir das erst mal beweisen? In Kalkutta finden immer Unruhen statt. Merken Sie sich Folgendes: Meldungen, deren Unwahrheit nicht oder erst nach Wochen festgestellt werden kann, sind wahr.« Als der Volontär weg ist, wendet sich Münzer Fabian zu. »Und so etwas will Journalist werden.«

Fake News wurden, leider, schon immer gezielt eingesetzt. Beide Irak-Kriege wurden nicht zuletzt mit erfundenen Nachrichten legitimiert. Im Oktober 1990 berichtet eine – wie sich später herausstellte: »gekaufte« – Zeugin aus Kuwait vor dem US-Kongress, dass irakische Soldaten kuwaitische Frühgeborene töteten, indem sie sie aus Brutkästen warfen. Die Aussage der jungen Frau wurde in der Folge von US-Präsident George H. W. Bush bei jeder Gelegenheit zitiert.

Im Februar 2003 trat dann der damalige US-Außenminister Colin Powell mit falschen Informationen an die

Öffentlichkeit. Vor dem UN-Sicherheitsrat behauptete er, ohne mit der Wimper zu zucken, dass die USA verlässliche Informationen über Massenvernichtungswaffen im Irak hätten. Auch das waren Fake News – und beide Informationen hatten Kriege mit Zigtausenden Toten zur Folge.

Momentan findet eine wenig hilfreiche Vermischung von vielen Phänomenen statt. Einmal gibt es wirklich falsche Nachrichten, die frei erfunden sind, um Stimmung für irgendwelche dubiosen Ziele zu machen. Dagegen müssen wir konsequent vorgehen und die Urheber auch endlich zur Verantwortung ziehen. Es wäre gewiss sinnvoll, über strengere Gesetze in diesem Bereich nachzudenken. Facebook und Co. müssen haftbar gemacht werden können, wenn über ihre Kanäle menschenverachtende und aufwiegelnde Propaganda verbreitet wird.

Es gibt aber noch ein zweites Phänomen, das allerorten zu beobachten ist – die Unterstellung, dass man sich in unserem Land nicht zu allem freimütig kritisch äußern dürfe. Mit dem Satz »Das wird man ja wohl noch sagen dürfen« gerieren sich unsere Populisten als besonders mutige Zeitgenossen, die sich »von denen da oben« nicht den Mund verbieten lassen. Die Unterstellung, wir würden in einer Meinungsdiktatur leben, ist absoluter Blödsinn. In Deutschland darf jeder alles sagen, solange es nicht gegen das Grundgesetz verstößt. Allerdings haben wohl viele Menschen den Eindruck, besonders wir Politiker würden die Dinge nicht immer so klar beim Namen nennen, wie das wünschenswert wäre. Da ist bis zu einem gewissen Grad was dran. Gleichzeitig gehört diplomatisches Geschick nun einmal zur Politik dazu, mit Parolen und Gepolter kommt man im politischen Alltag der Gremien, Ausschüsse und Arbeitsgruppen nicht weit. Doch viele Menschen wünschen sich offenbar nach außen hin mehr einfache Botschaften, klare Ansagen.

Einer, der diese Kommunikationsform immer beherrscht hat, war Heinz Buschkowsky. In seiner Zeit als SPD-Bürgermeister von Berlin-Neukölln haben wir zusammen Reisen unternommen und verschiedene Projekte initiiert. Einmal sind wir nach Rotterdam gefahren, zum dortigen Bürgermeister Ahmed Aboutaleb. Er gehört unserer niederländischen Schwesterpartei an, der sozialdemokratischen PvdA. Der gebürtige Marokkaner Aboutaleb fährt einen harten und kompromisslosen Kurs gegen Zuwanderer, die sich der Integration verweigern. »Wer die Werte einer offenen Gesellschaft wie der niederländischen nicht teilt«, sagte er einmal in einem Interview, »täte gut daran, daraus die Konsequenzen zu ziehen und fortzugehen.« Solche Worte sind ziemlich heftig. Nachdem wir uns in Rotterdam über seine Konzepte von Integration informiert hatten, nahmen Heinz Buschkowsky und ich einige Ideen mit nach Berlin, um sie bei uns einmal auszutesten. So schufen wir neue Regelungen, etwa für Kinder und Jugendliche, die regelmäßig der Schule unentschuldigt fernblieben. Wer nicht mehr zum Unterricht kommt, der wird nun schon nach wenigen Tagen von der Polizei zur Schule gebracht. Denn es sollte klar sein: Die Kinder gehören in die Schule und nicht auf die Straße oder vor den Fernseher. Auch das sogenannte »Brennpunktschulprogramm« in Berlin geht auf den Besuch in Rotterdam zurück. Die Idee dahinter: Schulen, die oft jahrelang auf ihre Probleme aufmerksam gemacht haben, aber niemals gehört wurden, bekommen eine Sonderzahlung als finanzielle Unterstützung, um Sozialarbeiter, Schulbegleiter, Lerncoaches einstellen zu können. Je nach Bedarf.

Heinz Buschkowsky hatte es in der Partei nicht immer leicht. Viele warfen ihm Populismus vor. Aber vor diesen Attacken habe ich ihn immer in Schutz genommen. Buschkowsky ist kein Sarrazin. Es stimmt, dass der Neuköllner Kiezfürst für seinen strengen Kurs bekannt war. Aber im Unterschied zu Sarrazin hat Heinz Buschkowsky niemals Pauschalurteile über Menschen gefällt. Bei ihm sollten alle Menschen, ganz gleich, welchem Kulturkreis sie entstammten, dieselben Chancen bekommen. Und zur Not eben auch eine zweite und dritte Chance. Wo er nur konnte, half er den Jugendlichen aus seinem Bezirk, damit sie ihr Leben in den Griff bekommen konnten. Wenn man ihn besuchte, konnte es sein, dass das ganze Bürgermeisterbüro voll mit Jugendlichen war, die ganz offensichtlich Eltern oder Großeltern hatten, die nicht in Deutschland geboren waren. Und diese jungen Leute kamen mit strahlenden Gesichtern aus dem Büro, weil der Bürgermeister ihnen zugehört hatte und ihre Ansichten ernst nahm.

Buschkowsky verschloss nie die Augen vor der unbequemen Wirklichkeit. Einmal sagte er zu mir: »Raed, wenn ich hier in Neukölln eine Straßenkreuzung habe, auf der viel zu viele Unfälle passieren, dann thematisiere ich das doch und versuche die Unfallgründe abzustellen. Egal wie viele zehntausend Autos die Kreuzung unfallfrei überqueren.« Heinz Buschkowsky hatte damals eine ganz konkrete »Unfallursache« vor Augen: In Neukölln gab es viel zu viele Jugendliche, die die Schule ohne Abschluss verließen. Dagegen wollte er etwas unternehmen.

Ich finde, Heinz Buschkowsky hat recht. Wir dürfen die Augen vor den tatsächlichen Problemen nicht verschließen und müssen sie beim Namen nennen. Wir dürfen aber auch nicht Ängste schüren. Denn das würde nur den demokratiefeindlichen Demagogen dienen, die so gern den Untergang des Abendlandes herbeireden.

KAPITEL 7

DIE VERTEIDIGUNG DES ABENDLANDES

Herbst 2014. In der sächsischen Landeshauptstadt Dresden versammelt sich eine zunehmend größer werdende Menschenmenge vor der Semperoper. Einige tragen Pudelmützen in den Nationalfarben. Schilder werden in den Abendhimmel gehalten: »Gegen religiösen Fanatismus«, »Für die Zukunft unserer Kinder«, »Überfremdung ist Völkermord«. Über den Köpfen wehen Deutschlandfahnen. Aus den Megaphonen erschallt immer wieder die Parole: »Wir sind das Volk«. Seit dem 20. Oktober 2014 ein allwöchentlich wiederkehrendes Ereignis. Die montäglichen Protestzüge bezeichnen die Organisatoren als »Montagsdemo«, in Anlehnung an die Kundgebungen 1989 in der DDR. Einige halten auch die sogenannte Wirmer-Fahne in die Höhe, ein schwarzes Kreuz, gelb umrandet, auf rotem Grund. Diese Fahne war für den Tag X entworfen worden, falls die Widerstandskämpfer des 20. Juli 1944 gegen das Hitler-Regime Erfolg gehabt hätten. Ein bestimmtes Plakat ist immer mit dabei: Es zeigt einen Abfalleimer, in den ein Piktogramm-Männchen die IS-Fahne, das Antifa-Banner – und ein Hakenkreuz schmeißt. Man will schließlich nicht als Neonazis abgestempelt werden. Wie verlogen diese Schilder sind, zeigt sich wenige Monate später, als ein prominenter Redner sein Bedauern darüber bekundet, dass die Konzentrationslager der Nationalsozialisten nicht mehr in Betrieb seien. Vor Tausenden begeistert applaudierender Zuhörer. In der ersten Reihe trägt man ein langes Banner. Darauf der Schriftzug: »PEGIDA – Patriotische Europäer gegen die Islamisierung des Abendlandes«.

Haben diese Leute eigentlich eine Ahnung davon, was dieses »Abendland« sein soll, das sie da so heldenhaft vor dem Untergang retten wollen? Der Berliner Historiker Wolfgang Benz antwortete auf die Frage nach der Bedeutung des Begriffs im Januar 2015 im *Tagesspiegel* wie folgt: »Das Abendland ist ein Mythos, der vor allem im 17. und 18. Jahrhundert Hochkonjunktur hatte. Er steht für eine Wertegemeinschaft, die griechisch-römische Philosophie mit christlichem Denken verbindet und den Eindruck erweckt, als habe sich die Antike im Christentum vollendet.« Durch den Begriff habe man immer wieder versucht, sich abzugrenzen, gegenüber der orthodoxen Kirche, dem Bolschewismus oder dem Islam – alles vermeintliche Bedrohungen aus dem Osten. Schon im klassischen Altertum wurde der Begriff verwendet. Im 5. Jahrhundert vor Christus hatten sich die Griechen als »Abendland« bezeichnet, in Abgrenzung zu den »Barbaren« im Osten, also im »Morgenland«, dort wo am Morgen die Sonne aufging. Später rechnete man zum Abendland den katholischen westlichen Teil Europas im Gegensatz zum orthodoxen östlichen Teil. Noch später, nach der Eroberung Konstantinopels durch die Türken 1453, wurde schließlich der christliche Westen in Stellung zum muslimischen Osten gebracht. Immer wenn es galt, sich abzugrenzen, andere auszugrenzen, musste das »Abendland« herhalten. In seinem folgenreichen Buch *Untergang des Abendlandes* prophezeite der überzeugte Anti-Demokrat Oswald Spengler, dass das »wahre« Abendland zwischen dem Bolschewismus im Osten und dem Kapitalismus im Westen aufgerieben werde. Und Adolf Hitler schließlich forderte von den deutschen Soldaten »die Verteidigung des Abendlandes« – nachdem die Wehrmacht bei Stalingrad vernichtend geschlagen worden war.

Für viele ist der Begriff Abendland untrennbar mit dem Begriff »christlich« verknüpft. Aber auch ein *christliches* Abendland hat so nie existiert. Nicht nur haben in Europa immer schon Juden gelebt und gewirkt, auch der Islam gehörte immer schon dazu. Schließlich war der größte Teil der Iberischen Halbinsel jahrhundertlang muslimisch. Ein »finsteres Mittelalter« gab es vielleicht für Christen, für die Muslime in Europa war es das Goldene Zeitalter. Was also verteidigen die selbsternannten Retter des Abendlandes, wenn sie auf ihre Demonstrationen gehen, welche Werte?

Der Ratsvorsitzende der Evangelischen Kirche in Deutschland (EKD), Heinrich Bedford-Strohm, wies darauf hin, dass die »sogenannte christliche Abendlandkultur«, die Pegida benutze, um ausländerfeindliche, rassistische und menschenverachtende Positionen zu vertreten, »das genaue Gegenteil von Christentum« sei. Der Journalist Hasnain Kazim kommentierte: »Christliche Werte sollen verteidigt werden, absurderweise unter Aufgabe des Prinzips der Nächstenliebe.« Und der frühere Ministerpräsident Brandenburgs Matthias Platzeck (SPD) veröffentlichte einen Aufruf mit dem treffenden Slogan: »Gegen Ressentiment und Abschottung: Für die Werte von 1989!«

Die Kritiker haben recht: Wer Menschenrechte infrage stellt und Minderheiten diskriminiert, der tritt unsere freiheitlich-demokratischen Werte mit Füßen. »Verteidigung des Abendlandes« geht anders.

Ich kenne zum Beispiel eine Person, die hundert Prozent für die Werte des Abendlands steht und diese auch vorlebt. Sie ist nicht mehr ganz jung. Ihr Leben lang hat sie immer hart gearbeitet, was man ihr bis heute nicht ansieht. Dabei ist sie immer eine fröhliche Frau geblieben, die sich nie beschwert, nie geklagt hat. Sie besitzt eine sehr starke Persönlichkeit, die sie auch braucht. Mit den vielen Töchtern und Söhnen, die sie großgezogen hat. Trotzdem bekam sie immer Respekt von ihrem Nachwuchs, ihre Autorität erkannten die Knirpse völlig selbstverständlich an. Durch ihren Willen, alles gut machen zu wollen. Das Beste für ihre Kinder, was diese offenbar begriffen. Für die Erziehung setzte sie auf einen strengen, moralischen Kompass. Für diesen Kompass brauchte sie keine Heilige Schrift, kein Grundgesetz, keinen Rousseau, Kant oder Voltaire. Sie verließ sich immer auf das, was manche das

Bauchgefühl nennen, andere nennen es Herz. Sie wusste immer, was gut und was falsch war. Ihre Kinder erzog sie anhand dieses moralischen Bauchgefühls. Aber die Werte waren immer die der Aufklärung, ohne dass ihr das jemals bewusst gewesen wäre. Keines ihrer Kinder verlor sie aus dem Blick. War es auch noch so anstrengend, war der Tag auch noch so lang, jedes einzelne bekam ihre volle Aufmerksamkeit. Einer ihrer Leitsätze war: Keines der Kinder darf traurig einschlafen. Gab es einmal Streit, oder Zoff wegen schlechter Noten oder einer Prügelei, dann mussten die Meinungsverschiedenheit und der Ärger bis zum Schlafengehen ausgeräumt sein. Sie wollte jedem ihrer Kinder immer einen friedlichen Gute-Nacht-Kuss geben, und am nächsten Morgen begann ein neuer Tag. Ein Tag, der die Möglichkeit barg, dass es gar nicht erst zum Streit kam.

Damit die Kinder eine Orientierung hatten, bekam jedes klare Regeln vorgelebt. Die Kleidung hatte immer sauber zu sein. Ohne Fleiß kein Preis, eines ihrer Lieblingsmottos. Überhaupt das Benehmen. Nur wer sich zu benehmen weiß, kommt mit den anderen Menschen klar. War immer eine ihrer Lebensweisheiten. Denn Höflichkeit und Umgangsformen sind der Schlüssel zu einer friedlichen Gesellschaft. Wichtig ist natürlich auch noch das Zusammengehörigkeitsgefühl. Zuerst in der Familie, die der Nabel der Welt ist. Aber dann auch später in der Gesellschaft. In der Stadt, dem Land, auf dem Kontinent. Irgendwann das Zusammengehörigkeitsgefühl der ganzen Menschheit. Ihr Erziehungsstil war eine Mischung aus Strenge und Milde. Obwohl die Frau nicht im Überfluss lebte, waren bei ihr stets alle willkommen. Gastfreundschaft war für sie ihr Leben lang einer der zentralen Werte, der einen Menschen auszeichnet. Kamen Gäste vorbei, so fuhr sie alles auf, was die Küche zu bieten hatte. Die Menschen sollten sich wohlfühlen. Wahrscheinlich kam der Frau in ihrem Leben immer zugute, dass sie von Grund auf optimistisch war. Optimistisch und menschenfreundlich. Daher war sie auch so gut wie nie schlecht drauf. Sie fand immer einen Grund zu lachen. Und sie lachte gerne.

Ihren Kindern gab sie Zuneigung, Wärme, Geborgenheit. Das Wichtigste, was Knirpse in unserer Gesellschaft eben so brauchen. Die Liebe der Mutter. Die Fürsorge. Für mich sind das die entscheidenden Werte, für die unser Abendland steht. Respekt vor dem Leben, Liebe zum Leben, Respektierung der Würde aller Menschen. Was sie überhaupt nicht ertragen kann ist Streit. Das war schon immer so. Bereits vor Jahren hielt sie einem ihrer Söhne regelmäßig eine Standpauke, wenn er sich mal wieder mit dem Regierenden Bürgermeister von Berlin Klaus Wowereit gestritten hatte. Sie verfolgte diese Auseinandersetzungen immer sehr aufmerksam in der *Abendschau*, den Lokalnachrichten im RBB, die sie jeden Tag einschaltete. Und wenn es wieder einmal politischen Zoff gab, dann rief sie danach sofort ihren Sohn an und sagte ihm: »Streite nicht mit Herrn Wowereit, das ist ein Guter!«

Genau, die Frau ist meine Mutter, geboren in Palästina,

»Baujahr '47«, wie sie immer sagt. Bis heute ist es ein besonderes Gefühl, von ihr umarmt zu werden. Ich schaue mindestens einmal in der Woche vorbei. Die Zeit mit ihr gibt mir Energie. Ich hole mir Kraft durch ihre Gegenwart. Meine Mutter wurde in Palästina zu einer Zeit geboren, als das Gebiet noch unter britischer Mandatsherrschaft stand. Eine hochpolitische Zeit, in einer hochpolitischen Region der Welt. Für sie war aber immer klar: Es gibt die Politik, und es gibt die Menschen. Und das eine darf man nicht mit dem anderen verwechseln. Im Grunde suchen doch alle Menschen Frieden, Geborgenheit, Menschlichkeit, Zufriedenheit und Glück für die eigene Familie. *Das* sind für mich die zentralen Werte des Abendlandes. Das sind universelle, unteilbare, ja menschliche Werte. Und für mich verkörpert meine Mutter sie bis heute auf vorbildliche Art und Weise. So wie Millionen andere Mütter, Väter, Tanten, Onkel, Großeltern, Geschwister heute für diese Werte in Deutschland stehen, indem sie diese für ihre Kinder, Enkel, Brüder und Schwestern verkörpern.

Im Arabischen gibt es das Wort »adame«. Es bedeutet so viel wie »einen guten Charakter haben«, was für jeden Muslim eine ganz wichtige menschliche Eigenschaft darstellt. Meine Mutter hat bei uns neun Geschwistern immer eines eingefordert, dass wir *adame* entwickeln. Ähnlich wichtig war ihr immer das Pflichtgefühl, das sie uns Kindern als wichtige Tugend lehrte. Nächstenliebe ist für sie Grundvoraussetzung jeder Gesellschaft. Dazu brachte sie uns von klein auf bei, dass das Materielle unwichtig ist. »Mit

Geld kann man sich kein Glück kaufen«, sagte sie immer. Wie recht sie doch hat. Ein zweiter Lieblingsspruch lautet: »Wer bei Unrecht schweigt, ist der Freund des Teufels.« Wahrscheinlich hatte ich diesen Satz im Hinterkopf, als ich mich mit dem Schichtleiter in dem Schnellrestaurant anlegte, der den schwarzen Kollegen beleidigte. Meine Mutter hat ihre Werte niemals intellektuell hergeleitet. Dafür war sie viel zu wenig belesen. Sie verstand diese Werte aus sich heraus. Wahrscheinlich ist genau das die Essenz des Abendlandes – aus sich heraus zu verstehen, was richtig und falsch ist, und jeden Menschen als gleichwertig zu betrachten.

In kluge Worte gegossen hat das schon sehr früh eine der zentralen Figuren unserer deutschen Geschichte: Friedrich II., König von Preußen und Kurfürst von Brandenburg. Im Jahr 1740 notierte Friedrich der Große seinen wohl berühmtesten Gedanken an den Rand eines Verwaltungsdekrets: »Die Religionen müssen alle toleriert werden, denn hier muss ein jeder nach seiner Fasson selig werden.«

Damit ist eigentlich alles gesagt. Aber natürlich sind auch dies nur leere Worte, wenn wir sie nicht mit Leben füllen. Was heißt das denn, dass alle Religionen toleriert werden müssen? Es heißt konkret, dass Minarette wie etwa in Duisburg-Marxloh, große jüdische Gebetshäuser wie die Synagoge Westend in Frankfurt am Main oder hinduistische Tempel wie in der Berliner Hasenheide zur neuen Normalität in unserem Land dazugehören. Nur wenn wir diese auch tolerieren, erfüllen wir unsere Werte. Natürlich müssen sich die so Tolerierten genauso an die Werte halten. Wer also ein Minarett bauen darf, muss auf der anderen Seite akzeptieren, wenn sich zwei Männer auf der Straße küssen. Es gilt also: Wer wirklich unsere abendländischen Werte, unsere *neue deutsche Leitkultur*, verteidigen will, tut dies auch mit der Akzeptanz von Minaretten und Homosexuellen.

DIE SACHE MIT DEM JUCKPULVER

Ich bin ein großer Fan von Heinrich Heine. Auf dem Gymnasium, im Deutsch-Leistungskurs, war er mein Lieblingsautor. Heine hatte das, was man den Deutschen so gern abspricht – Humor. Und er schreckte auch nicht vor Klamauk zurück: »Mein Vater hieß Schnabelewopski; meine Mutter hieß Schnabelewopska; als beider ehelicher Sohn wurde ich geboren den ersten April 1795 zu Schnabelewops … Unser Bedienter hieß Prrschtzztwitsch. Man muss dabei niesen, wenn man diesen Namen ganz richtig aussprechen will.« Das ist eine klare Abfuhr an alle, die glauben, dass Dichtung zwangsläufig ernst und schwer sein muss. Dabei hat natürlich auch Heine ernste und tiefsinnige Texte verfasst. Und er war ein politischer Mensch. Er kämpfte für ein gerechteres, ein freieres, ein toleranteres Deutschland. Was ihm zum Verhängnis wurde. Wegen seiner kritischen Schriften gegen die Mächtigen und seiner harschen Kritik an den Zuständen in seinem Heimatland wurden seine Schriften schließlich verboten. Was mich an ihm fasziniert, ist seine Entschlossenheit, für seine innersten Überzeugungen, für seinen politischen Kampf und seine Träume auch große Opfer auf sich zu nehmen. Weil ihm politisch und literarisch kaum jemand gewachsen war, verlegten die Kritiker ihre Angriffe schließlich auf das Persönliche. Als assimilierter und konvertierter Jude taugte er vielen Zeitgenossen als Feindbild. So schimpften nationale Agitatoren auf seinen »Synagogenstolz«, und ihre Schmähreden zielten nicht selten unter die Gürtellinie. »Doch möcht ich nicht sein Liebchen sein«, schrieb einer, »denn seine Küsse sondern ab Knoblauchsgeruch.«

In den Reaktionen auf Heine zeichneten sich schon damals die verbrecherischen Entwicklungen ab, die Deutschland hundert Jahre später unter den Nationalsozialisten nehmen sollte. Letztlich flüchtete der große deutsche Schriftsteller nach Frankreich, von wo er nur noch für kurze Besuche in seine Heimat zurückkam. Diese Ferne zu seinem geliebten Deutschland machte ihn tief melancholisch. Und so war er nicht nur einer der größten Deutschen seiner Zeit, sondern zugleich einer der traurigsten. In Paris schrieb er weiter über sein Vaterland und die Zustände dort. Düstere und aufrüttelnde Zeilen. Am bekanntesten dürfte sein Gedicht »Nachtgedanken« sein, das ein treffendes Bild der bleiernen Zeit zeichnet, die damals in deutschen Landen herrschte:

Denk ich an Deutschland in der Nacht,
Dann bin ich um den Schlaf gebracht,
Ich kann nicht mehr die Augen schließen,
Und meine heißen Tränen fließen.

Aber Heine wäre nicht Heine, wenn er nicht immer auch einen Lichtschimmer am Horizont erblickt hätte. Sein Heimatland liebte er über alles. Als liberaler, progressiver Autor gab er nie seine Hoffnung auf, dass sich jenseits des Rheins doch noch einmal alles zum Besseren wenden würde:

> *Deutschland hat ewigen Bestand,*
> *Es ist ein kerngesundes Land,*
> *Mit seinen Eichen, seinen Linden,*
> *Werd ich es immer wiederfinden.*

Während meiner Schulzeit kam es immer mal wieder zu Situationen, die mich rückblickend an die Lage von Heinrich Heine erinnern. Es waren Augenblicke, in denen ich lediglich wegen meiner Herkunft oder wegen meines Aussehens das Misstrauen einiger Leute auf mich zog. Manchmal hagelte es Beleidigungen. Teils blieb die Ablehnung unausgesprochen. Solche Situationen erlebte ich zum Glück nicht häufig. Aber es gab sie. Einmal tobten wir Kinder auf dem Schulhof herum. Es war wenige Jahre nach meiner Ankunft in Deutschland. Die Jungs hatten irgendwoher Hagebutten angeschleppt, diese geöffnet und den Mädchen die haarigen Kerne in die T-Shirts gestopft. Das »Juckpulver« tat sofort seine Wirkung, die Mädels schrien und versuchten die Kerne wieder loszuwerden. Es war ein fürchterliches Spektakel. Es war so schlimm, dass unsere Klassenlehrerin die betroffenen Mitschülerinnen nach

Hause schicken musste. Und danach folgte die Suche nach den Schuldigen. »Wer war das?«, fragte die Lehrerin. Ich verstand nicht alles, was die anderen darauf antworteten. Mein Deutsch war damals noch nicht so gut. Aber nach einiger Zeit war auch mir klar, dass die Mitschüler mir die Schuld dafür gegeben hatten, obwohl ich nicht einmal beteiligt war. Doch es war eben so einfach, denjenigen zu beschuldigen, der sich mit Worten nicht wehren konnte. So gut ich es auch versuchte, ich konnte einfach nicht richtig erklären, dass ich damit nichts zu tun hatte. Da erst drehte sich die Lehrerin zu mir um. Sie schaute mich an, und dann sagte sie zu den anderen: »Für Raed lege ich meine Hand ins Feuer. Er war das nicht.«

Entsetzt blickte ich nun die Lehrerin an. Denn die zwei, drei wichtigsten Begriffe hatte ich dann doch verstanden. Warum wollte sie ihre Hand ins Feuer halten? Und sollte ich auch meine Hand ins Feuer halten? Warum nur? Ich hatte auf einmal ein bisschen Angst, war jedoch sofort erleichtert, als sie mich fortschickte und sich die anderen Jungs vorknöpfte. Erst viel später habe ich begriffen, was sich in dieser Situation abgespielt hatte. Die Lehrerin hatte sich nicht in die Irre führen lassen und einfach ihrem Gespür, ihrer Intuition vertraut.

Besagte Lehrerin wurde für mich in den Jahren der Grundschulzeit zu einer ganz zentralen Figur für mein Ankommen in Deutschland. Ich verdanke dieser tollen Frau viel. Als sie wieder einmal meine krakelige Schrift kritisiert hatte, sagte sie: »Du wirst bestimmt einmal Arzt.«

Auch wenn sie mit dieser Prognose falschlag, so hat es mir für meinen Lebensweg doch unglaublich geholfen, dass eine solch wichtige Person an mich geglaubt hat. Das heimliche Motto, das die Lehrerin damals intuitiv befolgte, hat eine Hannelore Kraft viele Jahre später in Worte gefasst: »Kein Kind zurücklassen« – der politische Leitspruch der nordrhein-westfälischen Ministerpräsidentin. Meine Klassenlehrerin in Berlin-Spandau hatte schon dreißig Jahre zuvor danach gehandelt. Und das zeigte sich in den kleinsten Dingen des Alltags. Wenn es bei uns an der Schule zu einer Faschingsfeier kam, dann sorgte die Lehrerin dafür, dass es nicht nur Schweineschmalzstullen gab, sondern auch andere Dinge. Damit die damals noch recht wenigen muslimischen Schüler wie ich auch etwas zum Futtern hatten. Im Gegenzug bat sie meine Mutter, dass sie arabisches Fladenbrot mitbringen sollte. Was meine Mama natürlich liebend gerne tat. Sie hatte ein wunderbares Rezept mit Thymian und besonders feinem Olivenöl. Das Brot, das sie buk, roch immer unglaublich gut, und es duftete im ganzen Klassenzimmer.

Kleine Situationen des alltäglichen Austauschs wie diese habe ich während der vergangenen Jahre immer häufiger erleben dürfen. Es ist inzwischen völlig normal, dass Menschen mit unterschiedlichen Hautfarben, Ethnien, Religionen oder Ursprungsländern ganz selbstverständlich in unserem Land zusammenleben und auch deutsche Staatsbürger werden. Wir alle leben völlig selbstverständlich mit vielen verschiedenen Menschen, Kulturen und Bräuchen zusammen, öffnen uns diesen, wo sie uns gefallen. Wir schließen Freundschaften über kulturelle Gräben hinweg und integrieren fremdländische Traditionen in unseren Alltag. Wo uns diese Einflüsse nicht gefallen, lehnen wir sie selbstverständlich ab. Genau so muss es sein. Fremde Ideen, Gerichte, Kleidungsarten oder Brauchtümer sind eine Möglichkeit, eine Bereicherung für unseren Alltag – wer darauf nicht steht, muss sie nicht übernehmen. Es ist lediglich ein Angebot, das aber viele längst freudig annehmen. Wir feiern heidnische Bräuche aus Irland wie Halloween, essen türkische Fladenbrote mit Fleisch und Joghurt, trinken indischen Milchtee oder entspannen uns bei Yoga-Übungen, tragen US-Basecaps und sehen Hollywood-Filme. Unser Leben ist dadurch bunter geworden, trotzdem ist es nicht weniger deutsch. Denn Einflüsse von außen haben schon immer zum sozialen und politischen Alltag in unserem Land gehört. Das Aufnehmen und Verarbeiten von Fremden und ihren Bräuchen ist schon immer gelebte deutsche Leitkultur gewesen. All das ist Teil einer beeindruckenden Geschichte. Es geht jetzt darum, diese Geschichte, diese Erfahrungen, diese Ideen, diese Werte kurz: diese Erzählung unseres Landes den Bürger auch zu vermitteln.

Heinrich Heine träumte schon vor zweihundert Jahren von dieser Erzählung. Aber die Mehrzahl der Deutschen wollte von ihr nichts hören. Heute haben wir 82 Millionen Deutsche, die zur überwiegenden Mehrheit bereit und offen sind, für diese neue Geschichte unseres Landes.

Heinrich Heine appellierte im Jahr 1844 an seine Landsleute: »Pflanzt die schwarz-rot-goldne Fahne auf die Höhe des
deutschen Gedankens, macht sie zur Standarte des freien
Menschtums, und ich will mein bestes Herzblut für sie hin-
geben.« Damals stand Schwarz-Rot-Gold für eine enorm
fortschrittliche Idee – es stand für Freiheit, Einheit, Bürgerrechte. Heute sind wir von diesem Ideal nicht mehr so
weit entfernt. Wenn Deutschland heute als Musterbeispiel
für Demokratie und Rechtsstaat angeführt wird, wenn die
Verfolgten und Bedrohten dieses Planeten zu uns fliehen,
um bei uns Schutz vor Bomben und Panzern zu finden,
wenn auch die Heinrich Heines des 21. Jahrhunderts aus
der Türkei, Russland, China, Polen, Ungarn – und neuerdings auch den USA – heute an die Spree flüchten, dann
zeigt uns das, wie nahe wir den kühnen Vorstellungen
unseres großen Nationaldichters schon gekommen sind.
Aber dieses Deutschland ist kein starres Gebilde, sondern
es ist in Bewegung und setzt immer wieder unser Engagement voraus. Und es ist eine geistige Haltung, die ständig
verteidigt und immer wieder neu belebt werden muss. Das
stellt für mich den Kern unserer neuen deutschen Identität, unserer Leitkultur dar.

Wenn ich heute an Deutschland denke, dann sehe ich
kein dunkles, bedrückendes, angsteinflößendes Land. Ich
sehe viel Sonne, ich sehe Zuversicht und Optimismus.
Trotz aller Polemik und auch populistischen Agitation
sehe ich Millionen von glücklichen Menschen, Frieden.
Ich sehe ein Land, das in Bewegung ist, das stark ist, das

seinen Bürgern Geborgenheit bietet und ihnen trotzdem alle Möglichkeiten eröffnet. Wir leben in einem wunderschönen Land, in der Mitte eines ebenso großartigen Kontinents – Europa. Genau das ist der Grund, warum so viele Menschen gerne bei uns leben möchten, warum unser Heimatland zu den beliebtesten und angesehensten Nationen weltweit zählt. Dies müssen wir uns immer wieder bewusst machen.